Annie HAIZE-ROUX
Stéphane MARAIS

UN ENFANT EN AFRIQUE DE L'OUEST

Périple Noir

Récit

ISBN 978-2-9522628-6-6

À Louise, Lola et Estelle.

Le parcours

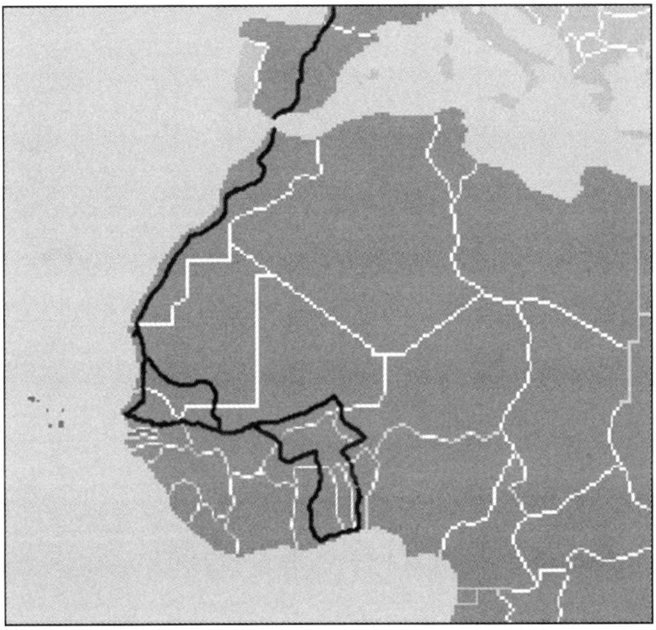

France, Espagne, Maroc, Mauritanie, Sénégal, Mali, Burkina Faso, Ghana, Togo, Bénin, Niger, *Mali*, *Mauritanie*, *Maroc*, *Espagne* et *France*.

« Pendant plusieurs mois, nous sommes restées seules… »

Louise (18 ans)
Ennis, Irlande

« Pendant plusieurs mois, nous sommes restées seules à la maison, car nos parents et notre frère ont fait le tour de l'Afrique de l'Ouest ! Je n'étais pas inquiète à l'idée de les laisser partir. En effet, mes parents sont de grands voyageurs. Bien avant de nous avoir, ils ont visité pas mal de pays sac à dos ! Ensuite ils nous ont emmenés sillonner les routes du monde à bord d'un camping-car puis nous avons suivi les traces de Michel Strogoff. Mais je ne vais pas trop m'étendre, vous devez les connaître mieux que moi maintenant !

C'est un mercredi de septembre que mes parents ont pris la route en emmenant seulement mon petit frère Léo ! J'étais en terminale à cette époque et je n'imaginais pas avoir mon bac en ratant un trimestre, j'ai donc décliné l'invitation ! Ma sœur Lola aussi !

L'idée de me retrouver seule pendant plusieurs mois me faisait un peu peur car je suis d'une nature plutôt peureuse, je tiens ça de ma mère. Cependant je savais que la présence de ma sœur et de ma cousine suffirait à atténuer mes craintes. C'est surtout mon chien Team qui me rassurait ! Je n'avais peur que la nuit. Les parents d'Estelle, Popo et Mimi, habitent à dix minutes de chez nous et ils m'assuraient aide et conseil !

Tous nos voisins étaient informés du périple qu'entreprenaient mes parents. Lorsqu'il m'arrivait de croiser un habitant de mon quartier, les questions fusaient : « Où sont tes parents ? », « Ont-ils franchi la frontière ? » Tout le monde suivait de près leur voyage, nous les premières. Dès que nous rentrions à la maison, le soir, nous nous branchions sur Internet afin d'envoyer le mail journalier tant attendu par notre mère. Nous recevions des messages presque tous les jours, qui nous rappelaient où ils étaient. Ensuite nous cherchions sur la carte de l'Afrique affichée au mur de la salle à manger les villes, parfois paumées, où nos parents bivouaquaient.

Avec Lola, nous tournions à tour de rôle pour nous occuper de Team le matin. Il fallait lui donner à manger mais surtout le sortir, ce que nous redoutions. Car il est trop costaud et donc impossible à tenir. À la fin du séjour, nous le laissions partir vagabonder comme bon lui semblait. Cela lui permettait de faire de l'exercice. Puis nous allions à l'école. Après les cours, la première arrivée faisait la vaisselle et un peu de ménage. Ensuite, une fois réunies, nous discutions tout en préparant le repas. Après une douche, nous nous couchions.

Une semaine type pour nous, c'était cinq jours à l'école et le week-end pour faire les courses, soit accompagnées des parents d'Estelle en voiture, soit on y allait en bus. Nous faisions des provisions pour la semaine. Nos repas se composaient de pâtes avec différentes sauces ainsi que de plats surgelés mais nous préparions aussi des gratins de légumes. Généralement, le week-end, on se réservait un soir pour nous trois et l'autre soir était consacré aux amis. Nous nous arrangions pour ne jamais en laisser une toute seule ! Certaines soirées avec des amis ont été organisées à la maison.

Pour l'argent, nos parents nous avaient laissé 100 euros par semaine et on s'efforçait de respecter ce budget. On a d'ailleurs bien géré nos comptes car nous n'étions jamais dans le négatif.

Cette expérience m'a appris que je pouvais contrôler ma peur, ce qui pour moi est un soulagement. Plus concrètement, elle m'a prouvé que j'avais acquis un certain degré d'autonomie. Mes résultats scolaires n'ont jamais été aussi bons que durant cette période. Mes parents craignaient qu'on lâche l'école. Mais nous leur avons prouvé le contraire. J'ai d'ailleurs obtenu mon bac cette année-là.

Je souhaite les remercier pour nous avoir laissé quelques mois de liberté. Mais je voulais aussi les remercier de m'avoir fait découvrir le monde et de m'avoir donné l'envie de voyager.

Je vous laisse, je dois m'occuper de Rhys et Nila, mes deux petits Irlandais…

Le Maroc

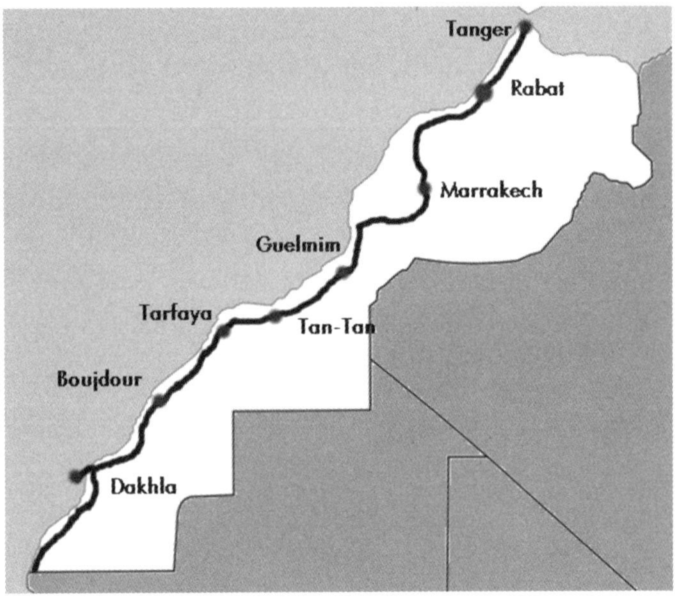
Tanger
Rabat
Marrakech
Guelmim
Tarfaya
Tan-Tan
Boujdour
Dakhla

1

« Mieux vaut être assis sur un tabouret
qui t'appartient que dans un fauteuil emprunté. »
Sagesse marocaine.

Du haut de ses 426 mètres, le « mont de Tariq », appelé communément Gibraltar, s'éloigne pour disparaître dans la brume matinale. Le ferry est vide à l'exception de trois poids lourds marocains et d'un camping-car bardé d'autocollants immatriculé en Charente-Maritime. Assis près de sa mère, sur un coffre de gilets de sauvetage, Léo scrute l'horizon, là-bas, de l'autre côté du détroit de Gibraltar, quand son regard vient buter contre une colline tapissée de maisons d'un blanc éclatant : Tanger.

Notre fils – il a fêté ses 12 ans récemment – est le seul de nos trois enfants à avoir accepté de suivre une nouvelle fois les pérégrinations de ses parents assoiffés de découvertes. Louise, 17 ans, et Lola, 15 ans, sont restées à la maison avec leur cousine Estelle, 18 ans, pour vivre une expérience nouvelle et excitante : gérer le quotidien, les repas, le ménage, l'école et Team, notre chien pétomane. Nos précédents périples nous ont appris à bien nous connaître et nous avons une entière confiance en elles.

Voilà quatre jours que nous les avons quittées, à 13 heures, pour prendre la direction du grand Sud. La première nuit fut passée dans le Pays basque, chez Rémi, le frère d'Annie.

– Êtes-vous allés dire « au revoir » aux parents ? avait-il demandé.

– Oui, lui avait répondu Annie. Et Papy n'a pas été très encourageant. Certains pays seraient dangereux, les femmes devraient porter le voile…

Je m'étais permis d'ajouter :

– En plus, il a endommagé la prise allume-cigare de la glacière mais l'a réparée aussitôt.

Ah, cette glacière ! Elle va jouer un rôle primordial durant le voyage. En effet, depuis plusieurs mois, un neurologue rochelais a diagnostiqué une sclérose en plaques à Annie. Elle doit maintenant suivre un traitement difficile à gérer dans un voyage comme celui-ci. Tous les deux jours, elle s'injecte un produit fragile dont le stockage nécessite une température inférieure à 25 degrés. Cela paraît difficile en Afrique d'où l'achat de cette glacière électrique. Si en route elle est alimentée par l'allume-cigare, chaque soir il faudra trouver un branchement extérieur.

Pour la deuxième nuit, nous étions invités à Madrid chez Marían et Vincente, un couple espagnol rencontré par deux fois lors de notre tour du monde. Depuis, nous avons gardé d'excellents contacts. Sans plan de la ville ni GPS, avec uniquement un nom d'avenue et quelques explications approximatives, nous avions trouvé le point de rendez-vous grâce à mon sens inné de l'orientation. Leur appartement, situé au troisième étage d'un immeuble aux briques rouges, regorge de souvenirs rapportés lors de leurs multiples voyages. Entre deux histoires exotiques et deux superbes photos, nous avions grignoté du saucisson, du jambon cru, de la tortilla de pommes de terre et de l'*empanada*. Nous les apprécions, ces deux-là.

Hier, nous avons réalisé le trajet le plus long du périple : 709 kilomètres pour rejoindre Algésiras. L'étendue de l'Espagne nous a étonnés tout comme la Costa del Sol, une côte défigurée par des immeubles et des constructions à n'en plus finir. Nous sommes arrivés au port vers 21 heures et avons bivouaqué sur le parking payant.

– On n'a encore rien visité, nous avait fait remarquer Léo. Rien !

– Attends, on vient juste de partir.

Annie pensait arriver à Rabat aux environs de midi mais avait oublié que 250 kilomètres séparent Tanger de la capitale. Heureusement, il y a deux heures de décalage avec le Maroc. Le premier bateau de la journée, l'*Al-Mansour*, parti à 8 heures, arrivera à 8 h 30 après deux heures et demie de traversée. Le retard ne sera donc pas trop important.

Tanger, la « gardienne du détroit », est l'unique ville donnant à la fois sur l'océan Atlantique et sur la mer Méditerranée. D'habitude, la cité vibre, pétille mais ce matin elle semble endormie. Nous sommes en plein ramadan, les terrasses de café et les petits restaurants sont abandonnés par leurs fidèles consommateurs. Les rues désertes et les panneaux de direction nous permettent de récupérer facilement l'autoroute pour Rabat.

Au bout de la rue, heureux comme un enfant jouant dans une cour d'école, Dominique nous accueille par de grands gestes. Caroline et leurs deux filles se joignent à lui. Nous sommes bien arrivés. Le gardien de la rue nous place face à leur appartement, Dominique le paiera à la fin de notre court séjour. Nos copains sont instituteurs à l'école française de Rabat. Nous les connaissons depuis notre tour du monde. Ils travaillaient à Canberra en Australie quand nos routes se sont croisées et depuis, nous sommes devenus de véritables amis.

Rachida, leur femme de ménage, nous a préparé un énorme couscous et, malgré le ramadan, Dominique a pu récupérer, je ne sais où, une bouteille de rosé. Pendant cette période, cela devient de plus en plus difficile au Maroc. Avant le coucher du soleil, les rues de Rabat se vident complètement. C'est la rupture du jeûne : le *f'tour*. Les musulmans mangent un repas composé d'une *harira* – une soupe de pois chiches, tomates et viande –, d'œufs durs, de galettes, de gâteaux sucrés, de fruits secs, de miel, de thé, de petit-lait et d'un verre de jus d'orange ou d'avocat.

– On vous invitera demain soir au resto pour en déguster un, nous lance Dominique. Mais avant, je vous présenterai la ville.

– Enfin, on va visiter quelque chose ! soupire Léo.

Peu touristique, la capitale marocaine est néanmoins digne d'intérêt. Nous commençons la visite par le mausolée Mohammed V où se trouvent les tombeaux du père de l'Indépendance et de ses deux fils dont le roi Hassan II. Le bâtiment en marbre blanc et à la toiture de tuiles vernies ne laisse pas Léo… de marbre. Sur le parvis, le symbole de la ville, le minaret d'une mosquée jamais édifiée, domine l'océan.

C'était une promesse faite à notre fils avant le départ : lui offrir un maillot de football de l'équipe nationale de chaque pays visité. Pour celui du Maroc, nos hôtes nous emmènent à la médina. Si celle de Rabat n'a pas la dimension historique de celles de Fès ou de Marrakech, elle a le mérite d'être plus agréable. Ici, pas de harcèlement des commerçants, et les prix sont souvent affichés et fixes. Sans difficulté, je déniche le maillot vert flanqué du logo de la fédération marocaine. Léo l'enfile sur-le-champ et se pavane dans les ruelles surpeuplées de la médina. Un jeune blond aux cheveux longs arborant le maillot national ne gêne guère les Rbatis.

C'est vrai, les touristes sont plutôt rares. Dans la partie alimentaire du souk, les odeurs et les couleurs s'entremêlent de manière intelligente et excitent quelque peu nos sens. Exhibées sur des tables, des têtes d'agneau sont bien difficiles à photographier car les bouchers, souvent religieux, n'apprécient pas. La rue des Consuls, spécialisée dans l'artisanat marocain, mène à la casbah des Oudayas, l'ancienne citadelle. On y entre par la magnifique porte Bab-Al-Oudayas.

– Chassée de Fès, la tribu oudaya s'installa ici à la fin du XIXe siècle, nous explique Dominique, notre guide passionné du jour.

– Prends Léo en photo, me demande Annie.

– Il y avait un ribat ici, poursuit notre hôte, un couvent fortifié à la fois religieux et militaire qui a donné le nom à la ville.

– Ne bouge pas Léo mais ne bouge pas !

– Des moines soldats partaient d'ici pour l'Espagne, continue Dominique, imperturbable. Ils allaient combattre les chrétiens.

– As-tu pris Léo en photo ? insiste Annie.

– Mais oui !

Dans les ruelles, son maillot vert ressort superbement devant les murs recouverts de chaux et peints d'un bleu outremer à hauteur d'homme. Nous nous arrêtons au Café Maure où nous jouissons d'une vue plongeante sur l'embouchure du Bouregreg et sur Salé, ville populaire située sur la rive droite du fleuve. Plus ancienne que Rabat sa sœur rivale, Salé fut un haut lieu de la résistance au protectorat français.

Annie achète une carte d'anniversaire pour Louise. Tout le monde gribouille quelques mots gentils. Elle partira demain pour la France et nous, pour Marrakech.

Sur le chemin du retour, Dominique longe la côte. Les pays du Maghreb ont longtemps tourné le dos à la mer. Là, nous passons devant un véritable bidonville avec des baraquements entourés d'un mur comme pour mieux les cacher et les contrôler. Le mot « bidonville » viendrait de Casablanca où les habitants construisaient des logements insalubres avec du matériel de récupération et notamment des bidons d'huile et d'essence laissés par l'armée américaine.

Si le soleil et la chaleur nous accompagnent depuis notre départ, ce matin il tombe de réelles gouttes d'eau sur Rabat. Caroline et Dominique ont repris le chemin de l'école. On se reverra à notre retour pour présenter le périple dans leurs classes respectives.

La matinée commence plutôt mal pour Léo. D'abord, il a oublié son livre de chevet chez Dominique et, visiblement, cela le chagrine. Puis, dans son rôle de copilote installé à ma place, il a mis sa maman sur la mauvaise route, au niveau de Casablanca. De ce fait, nous nous retrouvons 80 kilomètres plus au sud à El-Jadida et devons revenir sur nos pas. Ce n'est pas grave, Léo. Tu sais, copilote est un métier difficile, très technique et il faut beaucoup de concentration, de dextérité, d'heures de route et de… sens de l'orientation.

– Je n'avais pas vu le panneau, explique notre Babou.

– C'est ma faute, le console Annie, j'aurais dû faire plus attention.

Nous voilà maintenant sur la bonne voie et sa majesté le roi Mohammed VI, fils d'Hassan II et petit-fils de Mohammed V va emprunter la même route, nous semble-t-il. Tous les 100 mètres et jusqu'à la sortie pour l'aéroport, un policier est posté de chaque côté de l'autoroute avec le drapeau du Maroc flottant au gré du vent qui est plutôt faible aujourd'hui.

– Où allons-nous ? demande Léo.

– Chez Cathy et Marc, lui répond sa mère.

– On va encore chez des gens !

Léo a raison. Depuis le début nous sommes invités chaque soir mais, là, ce sera la dernière fois.

– On dormira dans un riad, précise Annie.

– C'est quoi un riad ?

Annie réfléchit mais voyant son hésitation à se lancer dans de longues explications, je viens logiquement à la rescousse.

– C'est la maison traditionnelle marocaine. Elle est fermée sur l'extérieur avec, normalement, un jardin au centre. D'ailleurs, riad veut dire « jardin » en français.

Fier de mon explication étonnamment didactique, je lui précise que le riad de Marc est une construction neuve située près de la médina.

Marrakech approche, Marrakech « la Rouge » encerclée de palmeraies verdoyantes avec, en toile de fond, les cimes du magnifique Atlas. Pour ne pas se hasarder dans la ville, nous nous sommes donné rendez-vous sur le parking du Marjane. Nous en profitons pour emmagasiner conserves et autres provisions. En cette période de ramadan, le supermarché est autorisé à vendre de l'alcool à certaines heures seulement et sur présentation d'une carte d'identité.

Marc arrive, accompagné de son frère et de Cathy, sa femme. Avec leurs trois garçons, ils ont traversé l'Afrique en camping-car, et, forcément, grâce à Internet, nous les avons suivis. Quand ils ont appris notre départ, les Savoyards ont souhaité nous inviter. Alors, nous voilà tous ensemble dans leur riad à siroter un vin rosé frais agrémenté d'un trait de sirop de pamplemousse. Nos hôtes ont vendu leur pizzeria pour venir s'installer ici, à Marrakech, à la recherche d'une qualité de vie plus douce. Ce soir, ils ont décidé de nous offrir le restaurant.

Au coin de la place Djemma El-Fna, des gargotes ambulantes, faiblement éclairées par des ampoules électriques, proposent une cuisine alléchante faite de grillades et de plats cuisinés. Léo choisit une cuisse de poulet accompagnée de frites, Annie commande des brochettes de mouton et moi, des côtelettes d'agneau. J'aurais pu prendre du poisson ou des crevettes, ou un tajine aux figues et aux pruneaux, ou un couscous, une *harira*, des *kefta*, des escargots pimentés… mais j'ai suivi les conseils de Marc et les côtelettes sont délicieuses. Tout semble parfait même si Léo n'a pas apprécié les frites, trop grasses et trop dures à son goût. Par contre, il a adoré le thé à la menthe fraîche.

La place est prise d'assaut par les dresseurs de serpents, les danseurs travestis, les musiciens, les conteurs et les touristes. Des femmes proposent un tatouage au henné : un œil, une main de Fatma, des fleurs ou encore des figures géométriques. Le henné provient d'un arbuste épineux dont les feuilles, une fois séchées et réduites en poudre, se transforment en une pâte grasse. Traditionnellement, les femmes marocaines se parent de ces tatouages pour s'embellir lors des cérémonies mais aussi pour éloigner le mauvais œil.

Il est tard. Annie et moi dormons dans une chambre au deuxième étage du riad. Léo préfère rester en bas, sur les longues banquettes du salon. Il devient de plus en plus indépendant et de moins en moins timide. Cathy et Marc logent dans un riad voisin.

Après le petit déjeuner, Marc nous dépose dans la médina au pied de la mosquée de Koutoubia, parmi les calèches. La vieille ville est entourée d'une haute et longue muraille d'une vingtaine de kilomètres faite de briques et de terre, d'où cette couleur ocre. Elle est flanquée de tours carrées et percée d'une vingtaine de portes appelées, je viens de le comprendre, « *bab* ». La place Djemma El-Fna a changé de visage, les gargotes ont disparu. Nous nous dirigeons vers le souk. Le premier achat effectué par Annie est… une serpillière.

– C'est original !

– T'es marrant, j'en ai besoin. Tu ne fais pas le ménage, toi !

– Elle a raison, appuie Léo. Elle a raison.

Des babouches aux cuivres en passant par la poterie, la laine, les bijoux… tout l'artisanat marocain est rassemblé dans ce labyrinthe de ruelles pittoresques. Mais je trouve mon bonheur devant les étalages éclatant de couleurs composés de monticules d'épices moulues aux parfums enivrants : cumin, cannelle, girofle, safran, cardamome, gingembre, coriandre et muscade.

– Tu as oublié le curry, dit Annie.

– Et le piment, rajoute Léo.

Un régal pour les yeux et les narines. Plus au nord, le quartier des forgerons. Moins touristique, plus populaire, je prends plaisir à m'y perdre. Les hommes s'activent, battent le fer pour le transformer en grilles, meubles, cages et tout autre objet métallique. Pas de bijoux ni de maroquinerie alors, bien sûr, Annie préfère les autres souks.

De retour au riad, Marc nous propose un plat de spaghetti. Pas trop compliqué pour lui puisqu'il a des origines italiennes. Il montre à Annie et à Léo comment utiliser Skype. Ces derniers réussissent à se connecter avec les filles. Tout va bien du côté de Tonnay-Charente.

La séance photo terminée, nous remercions et saluons Cathy, Marc et le reste de la famille. Pas de doute, on se croisera à nouveau, sûrement sur les pistes africaines.

– On était bien dans le riad, avoue finalement Léo.

– Et pratique pour la glacière, poursuit sa maman.

Maintenant, nous n'avons plus de bivouacs prévus chez des copains. Nous voilà livrés à nous-mêmes et cela nous plaît.

La glacière est branchée sur l'allume-cigare. Annie fonce sur l'Atlas. Ce massif montagneux semble supporter la voûte céleste. Pour être précis, nous sommes dans le Haut Atlas, et pour l'être encore plus, dans le Haut Atlas central. Ou bien occidental.

Nous franchissons un premier col. Le temps est frais, agréable. Les figuiers de Barbarie s'enorgueillissent de grosses baies charnues jaune orangé, les villages aux maisons d'adobe se confondent avec la montagne érodée. Annie attaque le deuxième col. Le Tizi-n-Tichka se trouve à 2 260 mètres d'altitude et la route grimpe dur avec son lot de virages en épingle à cheveux. Le moteur chauffe dangereusement et le voyant du liquide de refroidissement s'allume. Tout rouge, le voyant ! Annie s'arrête près d'une échoppe de souvenirs. Une épaisse fumée s'échappe du capot, démontrant, une bonne fois pour toutes, le mauvais fonctionnement des deux ventilateurs et cela depuis belle lurette, je pense.

– Nous allons laisser le moteur refroidir, décide Annie. Déjeunons en attendant.

– Ouvre le capot, je vais ajouter du liquide.

– Attention, cela peut éclabou…

Trop tard ! Ça brûle.

En refermant derrière moi la porte de la cellule, je coince un doigt de Léo. Quand je regarde le moteur, je perds toutes mes facultés intellectuelles. Avec un peu de pommade, cela va rapidement mieux. Selon le propriétaire de la boutique de souvenirs, il reste six kilomètres et quelques lacets pour atteindre le col. Au bout d'une heure, nous reprenons la route. Les yeux rivés sur l'aiguille de température comme si elle pouvait en stopper l'ascension, Annie avance à vitesse régulière. C'est ennuyeux, ces ventilos en panne ! Nous arrivons enfin au sommet du col, il était temps.

– Il y a beaucoup de montagnes en Afrique ? s'inquiète Léo, le doigt légèrement gonflé.

– Non ! En dehors de l'Atlas, c'est plat comme une crêpe, enfin presque… Ça va le doigt ?

Le camping-car amorce la descente tout comme la température du liquide de refroidissement. Sur le bord de la route, les autochtones vendent des minéraux coupés en deux dont l'intérieur resplendit d'une couleur vive. Nous voilà dans la vallée de l'Ounila, à Tabourahte. À la sortie de la ville, un petit camping nous servira de bivouac. Il est vide, pas un campeur, il y a l'électricité et le prix est dérisoire. Avec l'aide de Léo, je tire le câble électrique et branche le camping-car. La glacière est maintenant alimentée par le secteur.

Léo travaille sa géographie. Il est en classe de cinquième et semble motivé. Avec l'autorisation de la principale, nous avons emporté ses livres scolaires. L'employé du camping frappe à la porte de la cellule. En signe de bienvenue, il nous offre trois verres de thé. J'en profite pour lui demander deux ou trois renseignements sur le ksar d'Aït-Ben-Haddou. Il se trouve à neuf kilomètres d'ici et nous le visiterons demain.

Il est tôt, nous voulons profiter de la lumière matinale pour admirer le ksar, un village fortifié berbère. De l'oued, la vue est grandiose, un vrai décor de cinéma. Selon Annie, plusieurs films ont été tournés ici dont le célèbre *Lawrence d'Arabie* mais aussi *Indiana Jones* et plus récemment *Prince of Persia*. Nous traversons l'oued, à gué, sautant d'une pierre à l'autre. Pour dominer le fleuve, les greniers et les habitations de couleur ocre sont bâtis sur les pentes d'une colline. Ainsi, les Berbères se protégeaient du vent glacial de l'hiver et surveillaient la vallée, passage obligatoire des caravanes entre Marrakech et Ouarzazate. Les bâtiments sont construits en pisé et en adobe.

– Adobe, adobe ! lance Léo. C'est quoi l'adobe ?

– Viens voir ! C'est ça.

Je lui montre des briques de terre crue. Elles sèchent paisiblement à l'ombre pour éviter les fissures. Un simple mélange de terre argileuse, d'eau et de paille. Nul besoin d'une industrie polluante, les matériaux durables sont utilisés depuis la nuit des temps en Afrique.

– Et le pisé ? s'intéresse Léo.

– Demande à Maman !

– C'est un mur construit en terre aussi, moulé sur place à l'aide de panneaux de coffrage.

Ce ksar est l'un des rares ksour à être encore habité. Nous y pénétrons par une haute porte contre quelques dirhams donnés au gardien.

– Tu ne mets pas de « s » à ksour ? m'interroge Léo.

– Jamais ! Ksour est le pluriel de ksar.

Les maisons à étage des notables, des casbahs richement décorées, se situent au bas du village. Plus haut, les maisons basses sans fioriture sont réservées à la plèbe. Les ruelles grimpent jusqu'au sommet où se trouvent les vestiges d'un grenier collectif fortifié : l'*agadir*.

Assis sur un muret, un Berbère enturbanné se laisse gracieusement photographier. Dans les venelles, quelques artistes présentent leurs tableaux ou de l'artisanat. Les

Berbères sont présents dans le Maghreb depuis la préhistoire. L'Atlas est leur berceau. Les paysans et les bergers ont investi les vallées et ont forgé leur indépendance au fil du temps dans un combat perpétuel dont les villages fortifiés et les tours de garde, éparpillées stratégiquement dans les vallées, sont le témoignage. Puis, au VIIe siècle, sont arrivés les Arabes et, avec eux, l'Islam. Les Berbères ont été convertis à la religion musulmane. Ce mélange complexe des deux traditions a créé la richesse culturelle du Maroc.

– Tu vois Léo, le Maghreb réunit le Maroc, l'Algérie et la Tunisie.

– Je sais, j'apprends justement ça en géo !

Nous partons. L'étroite route bascule sur l'Anti-Atlas, dans un paysage désolé. Après Tazenakht, elle s'élargit, le sol désertique se verdit. Annie poursuit la descente de l'Atlas jusqu'à Taliouine, la capitale du safran, pour se retrouver dans une vallée fertile, la plaine de Souss, coincée entre le Haut Atlas et l'Anti-Atlas. Il nous reste une centaine de kilomètres pour rejoindre Taroudannt. La ville est réputée pour son huile d'argan. En plus de cette substance grasse employée à des usages alimentaires et cosmétiques, l'arbuste épineux offre d'excellents repas aux chèvres varappeuses. Quelle image pittoresque de les voir perchées sur les branches de ces arbres ! Léo s'en amuse. Sa maman aussi.

La ville de Taroudannt est aussi connue pour ses remparts de couleur fauve. D'ailleurs, on la surnomme « la petite Marrakech ». Selon la légende, une femme berbère aurait hurlé « *Taroua ddante* » en voyant les crues du fleuve Souss emporter ses enfants. « *Taroua ddante* » signifierait en berbère « les enfants ont été emportés » d'où l'origine du nom de la ville.

Après un petit tour à la recherche d'un bivouac, nous décidons, en accord avec notre fils, de nous installer au pied des remparts. Pas d'électricité mais la température douce de la nuit gardera les médicaments au frais.

19 h 15, les muezzins se mettent à chanter. Du souk, j'ai rapporté des galettes de pain et du raisin noir.

– C'est tout ! me lance Léo.

– Tu sais, comme le dit une sagesse marocaine : « Il faut se contenter de ce que l'on a. »

Le thermomètre placé dans la glacière indique une température de 23 degrés. Ça va ! Cette nuit, des jeunes sont venus jouer de la guitare au pied des remparts donc du camping-car. Annie et Léo ne se sont aperçus de rien, je me demande comment ils ont fait.

Nous contournons Agadir. Le désert n'est plus très loin, on le sait, il est là, tout près. Le paysage évolue dans ce sens, les villes sont plus espacées et la circulation beaucoup moins dense.

– Maman conduit comme les Marocains, remarque Léo avec pertinence en voyant sa mère doubler les camions, la main sur l'avertisseur, et cela malgré la ligne continue.

– J'apprécie la conduite marocaine, lui répond sa mère. Les camions se laissent facilement dépasser.

Guelmim est à la porte du désert saharien. Ancienne étape caravanière sur la route de Tombouctou, la ville abrite tous les samedis un marché aux chameaux remarquable où se retrouvent les nomades du désert. Annie cherche la route de Tan-Tan.

– Bonjour La Rochelle ! Comment ça va ? nous balance un homme ventripotent et souriant en lisant la plaque d'immatriculation du camping-car.

– Cela fait plaisir de voir sa région connue jusqu'aux portes du Sahara.

– Où allez-vous ? nous demande l'homme.

– En Mauritanie.

– Oh la, la ! Les bombes explosent de partout là-bas. Même l'ambassade de France a sauté. Les militaires sont sur les dents et c'est le « bordel » à la frontière. Il faut donner beaucoup de bakchichs.

– Vous en êtes sûr ?

– Le mieux, c'est d'offrir du thé vert, poursuit le bonhomme. Des sacs de deux kilos. Vous les mettez sur le capot et plus de problème. Les contrôles iront plus vite.

– Ah bon !

– D'ailleurs vous pouvez acheter le thé dans la première rue à gauche, chez mon cousin.

Il appelle aussitôt un jeune garçon pour nous y conduire.

– Désolé, nous n'avons pas le temps. On saluera La Rochelle de votre part. *Bye, Bye !*

Le gredin, il voulait nous vendre son thé vert.

La température grimpe irrémédiablement. Plus rien ne peut stopper l'ascension du mercure. À l'entrée de Tan-Tan, il fait 35 degrés. Le camping-car file entre deux immenses dromadaires en béton avant de s'arrêter à la demande de la police royale. À partir d'ici, les contrôles seront plus réguliers. Le Sahara occidental n'est pas très loin.

Nous poursuivons notre route jusqu'à El Ouatia, au bord de l'océan Atlantique. Grâce à son port, son industrie de transformation du poisson et sa plage, El Ouatia se développe rapidement. Nous passerons la nuit aux Sables d'Or. Les campings sont vides en cette saison et c'est bien agréable.

Annie souhaite envoyer un e-mail à Louise pour son anniversaire alors nous sillonnons la ville à la recherche d'un cybercafé. Dans les rues, les jeunes tapent dans un ballon oubliant les piètres résultats de leur équipe nationale. Encore une fois, elle n'est pas qualifiée pour la Coupe du Monde. Sur la place, les magasins remballent leurs étals de fruits, de légumes ou d'épicerie, le muezzin va bientôt chanter. Aujourd'hui vendredi, l'appel à la prière sera long. Nous trouvons enfin un Internet café. Louise nous a envoyé un e-mail :

> *Salut les voyageurs !*
> *Vous avez pensé à mon anniversaire ? Je vais le fêter chez Popo et Mimi.*

Tu sais, Maman, je me suis inscrite au BAFA. Tu vois, je prends des initiatives ! Sinon, Lola et Estelle vont bien aussi. On a toutes de bonnes notes surtout Lola. Par contre, Team s'enfuit toujours de la maison. Maintenant, on le laisse partir et il revient tout seul après une bonne demi-heure de balade.
Je vous laisse et je vous embrasse.
Good trip ! Louise.

Bon ! Je l'avoue, j'ai corrigé les fautes d'orthographe.

Les filles manquent à leur maman mais, elle en est consciente, elles vivent cette expérience avec bonheur.

– Et je suis là, Maman chérie, dit Léo certainement pour la consoler.

– Elles sont heureuses, c'est le principal.

– Elles le sont, confirme Annie. Loulou s'est inscrite au BAFA et j'ai oublié de la féliciter.

Le vent secoue sans fioritures le camping-car. Annie transfère les photos de l'appareil sur l'ordinateur avant de les sauvegarder sur un disque externe.

– Demain, vous me rappellerez de féliciter Loulou !

Léo et moi regardons *Les Temps modernes* de Chaplin sur le petit lecteur de DVD. Dehors et malgré le vent, quelques passionnés tirent ou pointent le cochonnet. Bercés par le bruit des vagues, nous pouvons nous endormir.

Je fais le plein d'eau, vide la cassette des WC et vidange les eaux usées. Nous longeons des falaises escarpées où viennent se briser les vagues de l'océan et certains navires, comme le montrent les carcasses rouillées venues s'échouer aux pieds des pêcheurs. Bâties le long de la côte, leurs cabanes sont faites de matériaux de récupération, sacs plastiques, bouts de planche, tôles… Le poisson pêché est stocké dans des boîtes de polystyrène bourrées de glace pilée puis celles-ci sont enfouies dans un trou creusé à même le sol.

La montagne a disparu laissant le sable envahir un paysage rocailleux. Après Tarfaya, le carburant est détaxé comme la plupart des produits. Un geste du gouvernement pour attirer les Marocains dans ces régions peu séduisantes.

Midi. Nous sommes à Tah. Annie appelle notre fille aînée.

– Bon anniversaire, Loulou.

– Dis-lui pour son BAFA, lui souffle Léo.

– Félicitations pour t'être inscrite au BAFA. C'est super de prendre des initiatives comme ça.

– A-t-elle reçu la carte ?

– As-tu reçu notre carte ? Oui, elle l'a reçue. On t'embrasse bien fort et Lola aussi.

– Et Estelle.

Tah est la ville où s'acheva la « marche verte ». Cette manifestation pacifique de 15 kilomètres seulement est partie de Tarfaya. Elle fut initiée en 1975 par le roi Hassan II dans l'unique but de rattacher le Sahara occidental au Maroc. Selon l'histoire assénée par les autorités et désormais ancrée dans l'imaginaire collectif, 350 000 civils armés de corans et de drapeaux nationaux ont libéré le Sahara des Espagnols. Le Maroc annexa les deux tiers du Sahara. L'autre tiers, celui du sud, revenait à la Mauritanie. Mais, pour compliquer l'histoire, le territoire est aussi revendiqué par la République arabe sahraouie démocratique – la RASD – créée par le Front Polisario. Le mouvement indépendantiste soutenu par l'Algérie déclencha de violentes attaques contre l'armée marocaine et cela jusqu'au cessez-le-feu de 1991. Aujourd'hui, la RASD contrôle 20 % du Sahara occidental et des négociations informelles et infructueuses se poursuivent. Malgré tout, la frontière est gommée sur les cartes marocaines multipliant par deux la superficie du pays. Mais chut ! Débattre sur le Sahara, comme sur le roi, est tabou au Maroc.

Le temps est couvert, il tombe même quelques gouttelettes d'eau.

– C'est drôle de la pluie, là, dans le désert, juge Léo.

– Moi, j'aime bien le vent, raconte Annie, il pousse le camping-car. Regardez, je suis à plus de 110 kilomètres par heure.

Les dunes flirtent dangereusement avec l'asphalte. Nous passons notre troisième contrôle policier de la journée. À chaque arrêt, nous leur laissons des fiches préparées à l'avance par Annie indiquant nos noms, numéros de passeport, de visa et tutti quanti… Un gain de temps certain.

À l'origine, Boujdour n'était qu'un simple village de pêcheurs bâti autour du phare du cap Boujdour. Nous passerons la nuit ici. Pour le dîner, j'ai rapporté du centre-ville des tomates, un concombre et des poivrons achetés dans une échoppe sombre sans fenêtre ni éclairage dont les murs bruts sont dépourvus de toute décoration. J'ai trouvé aussi deux baguettes dans une boulangerie moderne et, plus loin, dans une gargote, de délicieux poissons grillés. Enfin, c'est mon avis.

– Je n'aime pas, balance Léo. Il y a trop d'arêtes là-dedans.

– Essaie de goûter, lui demande sa mère, même si elle ne les apprécie guère non plus.

De retour d'une balade digestive sur la corniche, nous jouons au football. Le gérant du camping nous rejoint. Léo est dans les buts et, avec impertinence, arrête tous les tirs. Quelle outrecuidance ! Annie fait sa piqûre, son traitement est efficace et, pour le moment, il enraie les poussées.

Le vent se lève et souffle fort, très fort, nous obligeant à bouger pour mieux nous abriter. Léo est monté dans la capucine pour se blottir contre moi. Habituellement, il dort sur la grande dînette. Quant à Annie, elle a élu domicile sur la petite dînette.

La turista attrapée voilà trois jours maintenant semble s'atténuer. Mais diable, pourquoi suis-je le seul de cette famille à choper une gastro-entérite bénigne accompagnée de fréquentes et vigoureuses diarrhées ? À la grande satisfaction d'Annie, j'ai perdu quatre ou cinq kilos. L'opération « ventre plat » est lancée.

Nous entamons le dernier jour du ramadan. Ce matin, les rues de Boujdour sont désertes dégageant une ambiance « western ». Des bourrasques balaient les avenues empruntées seulement par des brindilles ou des poches plastiques virevoltant au gré du vent. Après le plein de carburant, définitivement détaxé, Annie reprend la route.

Voilà un fascinant mariage entre le désert et la mer. La côte est découpée par des falaises abruptes, et un vent perpétuel soulève le sable et la poussière comme pour mieux voiler le ciel. Annie n'aperçoit pas le panneau « stop » placé au niveau d'un contrôle routinier de la police.

– Bien le bonjour, nous souhaite le gros moustachu. Que faites-vous dans la vie ?

– Nous allons à Dakhla.

– Mais non, il est commerçant, lui répond Annie.

– Et vous, Madame ?

– Mère au foyer.

– Madame ne travaille pas, comprend le fonctionnaire au service du roi. Madame fait des infractions et Monsieur les paie.

Il est marrant ce type.

– Allez, termine-t-il, soyez les bienvenus.

Le camping-car pénètre dans la péninsule du Rio de Oro. Dakhla est la dernière ville avant de rejoindre la Mauritanie, une étape obligatoire pour les voyageurs désireux de se rendre en Afrique subsaharienne. La baie est séduisante. Elle abrite de superbes spots bien connus des passionnés de kitesurf, ce sport de glisse qui utilise une planche de surf et un cerf-volant pour se faire tracter. Planté au milieu de cette baie réputée aussi pour la pêche, un long rocher en forme de dragon semble surveiller les portes d'un trésor oublié. Plus loin, des tonnes de tomates poussent sous d'immenses serres avant d'envahir les marchés français.

C'est le dernier jour du ramadan. On s'installe dans le premier camping rencontré, à l'entrée de la ville de Dakhla. Nourdine nous souhaite la bienvenue. Il est le responsable du site. Bien campés sur le terrain, se trouvent un lourd 4 x 4 allemand et une camionnette française. Depuis juillet, Pascale et Olivier, un couple d'instituteurs toulousains, et leurs trois adorables garçons, voyagent dans cette partie de l'Afrique.

– Vous êtes la première famille que nous croisons depuis notre départ, nous dit Olivier.

– L'Afrique fait toujours un peu peur.

– Mais au Maroc, il n'y a aucun risque.

Nous allons saluer nos voisins germaniques. Malgré mon anglais toujours aussi médiocre voire pitoyable, j'ai capté quelques bribes de leur charabia : le couple possède une caisse de bières en réserve mais il ne souhaite pas l'importer en Mauritanie.

– C'est interdit, disent-ils.

Je leur achète sept bières illico presto. Enfin une bière ! J'en offre une à Olivier. Nous faisons mieux connaissance et parlons de la Mauritanie.

– Nous attendons l'Aïd el-Fitr, nous informe Pascale.

– On préfère y aller dès demain, leur explique Annie. À la frontière, ils délivrent seulement des visas de transit de trois jours. Si on veut le prolonger à Nouakchott, on doit y être avant jeudi car c'est le début du week-end dans ce pays et après nous dépasserons le délai.

Les enfants toulousains, Robin, Félix et Léo, jouent avec notre Léo. Annie se sent fatiguée, elle n'a pas beaucoup dormi la nuit dernière et a roulé toute la journée. Alors, au lit de bonne heure, après avoir ingurgité le reste des bières.

La nuit porte conseil, Pascale et Olivier ont finalement décidé d'aller en Mauritanie avec nous. Le départ est donc prévu pour cet après-midi. Nous bivouaquerons dans la dernière station-service marocaine, à 80 kilomètres de la frontière. Nous serons dans le pays des Maures demain mardi.

En attendant, j'achète sept autres bières aux Allemands, puis je paie notre dû et salue Nourdine. C'est la fin du ramadan, l'Aïd el-Fitr, la fête de la rupture du jeûne. Le gérant m'offre du thé et des gâteaux, plein de gâteaux. Salut Nourdine, on se reverra à notre retour.

Nous retournons en ville effectuer divers achats. Les habitants ont revêtu leurs plus beaux habits. Ils ont commencé la journée par les ablutions avant d'avaler quelques dattes, en nombre impair. Puis, ils sont allés aux lieux de prières et se sont congratulés. Maintenant, ils vont partager un repas festif avec la famille, les amis, les voisins et s'échanger des cadeaux. Les rues ont retrouvé une animation grouillante, les terrasses de café se remplissent de leurs fidèles consommateurs et les odeurs alléchantes s'échappent à nouveau des gargotes enfumées.

Nous reprenons la route, la petite famille toulousaine nous rejoindra ce soir. 37 degrés ! Forcément, le moteur chauffe. Un peu. Pour éviter l'air chaud, les fenêtres du camping-car sont remontées pour se baisser à l'approche de la mer où le vent rafraîchit l'habitacle.

Sur le bord de la route, un vieil homme agite une bouteille plastique. Annie s'arrête et la lui remplit d'eau. Plus loin, un camion stationné à cheval sur la route nous oblige à nous arrêter de nouveau. Rien de grave, le chauffeur se repose.

Par endroits, le sable recouvre partiellement la route. Comme à son habitude, Léo est assis entre la conductrice et le copilote, sur un tabouret pliant. Malgré la monotonie des paysages – mais le désert est diversifié pour ceux qui savent le regarder – il ne s'ennuie pas, c'était loin d'être le cas au début du voyage.

– Il n'y a pas une grande équipe de foot en Mauritanie, se dit Léo. J'ai regardé sur Internet, elle déclare souvent forfait.

– J'ai peur de ne pas trouver le maillot national.

– On verra bien, poursuit le fiston. Pour la qualification de la Coupe d'Afrique, ils ont perdu 4 à 1 contre le Maroc puis 6 à 1 contre l'Éthiopie.

– Contre l'Éthiopie ?

Voilà la station-service de Lamhiris. On s'installe devant le restaurant Barbas. Ce soir, avec nos amis voyageurs, nous dînerons ici. En les attendant, je commande du thé. Il est amer. Annie jette un gros morceau de sucre difforme dans la théière et non pas dans le petit verre comme je voulais le faire.

Nos amis arrivent. Pascale réserve une chambre à l'hôtel. Le serveur dépose sur la table un plat creux en terre cuite vernissée surmonté d'un couvercle conique. Cet ustensile culinaire s'appelle tajine. Le ragoût, du même nom, cuit lentement à l'étouffée sur des braises brûlantes. Le plat traditionnel marie de manière subtile les épices, le salé et le sucré. Ce soir, nous dégustons un tajine d'agneau accompagné de tomates, d'oignons et d'olives. Un tajine simple mais savoureux. Les quatre garçons quittent rapidement la table pour jouer dans le camping-car.

Demain, nous serons en Mauritanie.

La Mauritanie

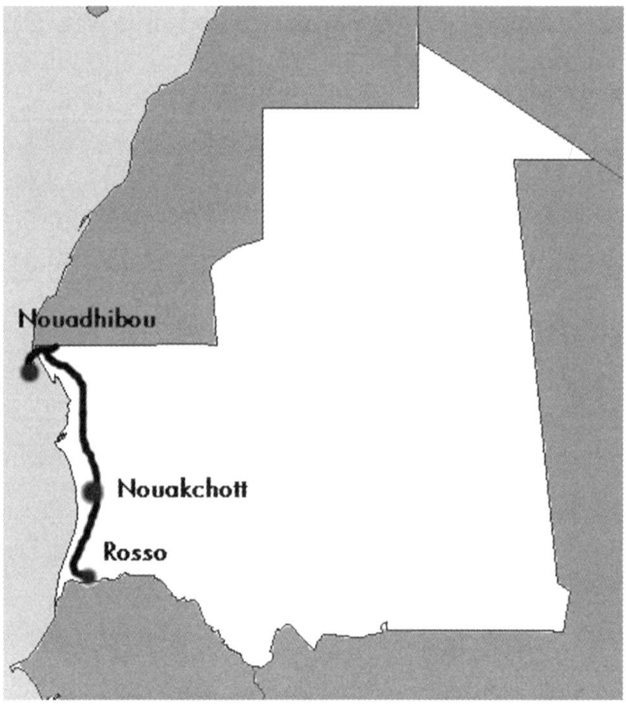

2

« Dans une petite oasis
on ne lave que sa poitrine. »
Sagesse mauritanienne.

Annie n'a pas très bien dormi. Le *no man's land* entre le Maroc et la Mauritanie la stresse. Son inquiétude est accentuée par des informations floues, imprécises venant de guides ou d'autres voyageurs notamment des « descendeurs ». Ces derniers traversent le Maroc pour vendre leur voiture en Mauritanie ou au Sénégal. Léo, lui, est pressé d'y être. L'aventure enfin !

Il est 9 h 15 quand nos deux véhicules se présentent à la frontière. Trois jours auparavant, les douaniers marocains ont trouvé des armes et des munitions dans un coffre de voiture. Alors, tous les engins motorisés – en dehors des légers – doivent passer au scanner. Nous descendons du camping-car. Le camion-scanner, doté d'un portique sur le côté, avance lentement et passe notre maison roulante aux rayons X. Rien à signaler. Puis, petit tour à l'immigration, à la police et à la gendarmerie. Finalement, toutes ces formalités prennent peu de temps.

Trois Français se retrouvent avec nous au bureau de l'immigration. Ce sont des descendeurs. Selon eux, le *no man's land* – il n'appartient à aucun des deux pays – est praticable et nous n'aurons aucun problème. Alors, ils partent sans nous attendre, sans un au revoir, sans un adieu...

Les trois ou quatre kilomètres de piste sont chaotiques, alternant des passages sableux, surtout au début, et d'autres, rocailleux. Les abords sont minés, des panneaux l'attestent. Au bout de 300 mètres, Annie s'arrête, bloquée, ironie de l'histoire, par l'un des trois descendeurs ensablé. Malgré l'aide de ses deux camarades carrément furieux, il ne parvient pas à s'en sortir. Moyennant quelques euros, de jeunes Mauritaniens proposent leurs services mais le chauffeur apostrophé par son coéquipier préfère prendre la longue corde jaune que je lui tends. Un objet indispensable et efficace. Grâce à lui, la voiture est rapidement dégagée.

Pour éviter le piège, nous décidons de récupérer une petite déviation. Elle s'avère être moins sableuse. Olivier passe sans difficulté mais ce n'est pas le cas d'Annie. Nous voilà enlisés. Avec la corde jaune, je relie l'arrière du camping-car au 4 x 4 d'un des trois Français. Après deux ou trois coups d'accélérateur, la corde cède, se disloque, se brise. Malgré cela, nous sortons du pétrin. À ce moment précis, je décide de prendre le volant, certainement la décision la plus importante de cette décennie. Cela n'a pas l'effet escompté, je m'ensable lamentablement quelques mètres plus loin. Et les trois descendeurs sont partis pour de bon cette fois. Pas voulu nous attendre ! Une petite poussette d'Olivier aidé par Annie et Léo suffit à me dégager.

– Ne t'arrête pas ! m'encourage ce dernier.

– Bravo ! me félicite Pascale en immortalisant la scène.

Je reste au volant. Des carcasses de voiture défigurent le décor lunaire. La piste – si on peut l'appeler comme ça, car elle n'est pas dessinée – devient maintenant caillouteuse. Ça passe assez bien ma foi même si la maison roulante est secouée violemment. Ce trajet serait de la franche rigolade avec un véhicule possédant quatre roues motrices. Vraiment, voyager en camping-car est plus aventureux !

– Il y a un bâtiment, là-bas ! s'écrie Annie, soulagée.

– C'est la frontière !

– Reste concentré Papa, m'ordonne Léo. Continue comme ça !

Un drapeau vert flanqué d'une étoile jaune à cinq branches surmontant un croissant horizontal, flotte fièrement sur le toit dudit bâtiment.

Annie et Léo restent dans le camping-car. Avec Olivier, les passeports dans une main, le stylo dans l'autre, nous entrons dans la gendarmerie pour nous enregistrer. Dehors, les officiers font une rapide inspection des véhicules. Plusieurs individus s'agglutinent autour de nous, les uns proposent le change de monnaie, les autres une assurance voiture. Puis, dans un petit local, nous obtenons les visas de transit. Comme les Marocains, les Mauritaniens parlent et comprennent le français.

– Est-il possible d'obtenir deux semaines ou au moins sept jours ?

– Non ! me répond l'homme élancé, le tampon à la main. C'est trois jours, pas plus.

Bon. Je paie 20 euros par passeport. Plutôt cher pour trois jours. Les énergumènes avec leurs liasses d'UM – des ouguiyas, la monnaie locale – ou leurs attestations d'assurance, se montrent de plus en plus pressants voire agressifs. Olivier connaît un début de prise de tête avec l'un d'eux. Nous passons à la douane. Les bâtiments se dégradent, allant de la grande bâtisse blanche à une cabane en bois délabrée. Je donne environ 10 euros pour le passavant, un document nous autorisant à circuler dans le pays avec notre propre véhicule. Maintenant, il me faut changer mes derniers dirhams et quelques euros. Au hasard, je désigne un homme et l'invite à monter dans le camping-car. Le change se déroule tranquillement. Puisque Annie n'arrive plus à appliquer la règle de trois, Léo m'aide, la calculatrice à la main, à recompter les billets mauritaniens. L'individu va me procurer l'assurance pour 17 euros. Il est 13 h 15. Olivier a lui aussi fini ses tractations, nous pouvons partir.

Nous voilà dans la république islamique de Mauritanie. À l'exception des nombreux militaires et policiers, les hommes portent la *darâa*, une longue robe en coton bleu clair avec une poche sur le devant servant de porte-monnaie. Ce vêtement leur permet de supporter les chaleurs extrêmes. Les plus aisés s'habillent de blanc avec des broderies dorées. Ils se coiffent d'un chèche, un long ruban pouvant mesurer 6 mètres, enroulé autour de leur tête qui les protège du soleil brûlant et du sable pénétrant.

– Ils sont beaux dans leurs habits, lance Annie. En plus, ils sont grands et fins.

– Il ne faut rien exagérer !

– Tiens, tiens ! Le gros Papa est jaloux, se moque Léo.

– Non, je ne les trouve pas si beaux que cela. C'est tout.

– Oh si, insiste Annie, ils sont beaux.

Les femmes ne sont pas en reste. Elles sont vraiment belles avec leurs vêtements aux couleurs chatoyantes.

– Il est jaloux le gros Papa.

Avant d'atteindre Nouadhibou, notre ville étape située au centre d'une étroite péninsule sur la baie du Lévrier, nous croisons le train le plus long et le plus lent de la planète. Il appartient à la Société nationale industrielle et minière et transporte le minerai de fer entre les mines de Zouérat au nord du pays et le port de Nouadhibou. Léo ne peut terminer le dénombrement des wagons, sa vue se brouille. Il y en aurait plus de deux cents tirés par trois locomotives, le tout mesurant entre deux et trois kilomètres. Un phénomène.

Ali nous reçoit dans son camping du centre-ville. Après cette longue journée, la saveur d'une bière fraîche nous relaxerait, mais la Mauritanie est un pays islamique interdisant la vente d'alcool. Selon Ali, je pourrais en trouver dans les restaurants chinois – ils sont forts, ces Asiatiques –, il en existerait deux ou trois en ville. Très bien. Avant tout, Olivier et moi partons acheter des provisions pour le dîner.

Des femmes aux robes chamarrées égaient les rues surchargées de charrettes tirées par des ânes et transportant des bouteilles de gaz, du sable ou des briques. De vieilles Renault 16 bourrées de sacs pétaradent et avancent lentement. En dehors de quelques jeunes quémandant avec insistance un peu de monnaie, une ambiance bruyante et anarchique bien agréable plane sur la ville vidée de ses touristes depuis la construction de la nouvelle route de Nouakchott.

Pour l'épicerie, nous nous arrêtons dans un petit supermarché. Puis, Olivier choisit les légumes et les fruits dans les rues animées. Ici, beaucoup de produits sont importés alors les prix annoncés sont particulièrement élevés. De toute façon, c'est au tour d'Olivier de régaler. Pour le dessert, il achète des gâteaux. En contrepartie, j'offre les bières. Alors, je pars à la recherche d'un restaurant asiatique. Je le trouve près du stade où de jeunes Noirs venus du sud, attirés par l'importante activité de la pêche, jouent au football. Si Nouakchott est la capitale politique, Nouadhibou est la capitale économique du pays. Je cache les trois canettes de bière dans un sac opaque.

Après la douche, nous nous installons dans une salle ouverte. Un cycliste allemand partage notre dîner. Il projette de traverser le continent africain alors les spaghettis à la sauce tomate lui feront le plus grand bien.

Entre les deux guerres mondiales, Nouadhibou fut une escale importante de l'Aéropostale. D'ailleurs, Antoine de Saint-Exupéry écrira *Courrier sud* dans cette ville et fit ses premières armes sur la ligne Latécoère qui relia Toulouse à Dakar. Port-Étienne, l'ancien nom de Nouadhibou du temps de la colonie française, accueillit aussi le naturaliste Théodore Monod. Son amour absolu pour les déserts commença ici. Aujourd'hui, ce sont des clandestins qui, au péril de leur vie, tentent de rejoindre les îles Canaries donc l'Europe, à partir de la baie du Lévrier.

– Tu en sais des choses Papa !

– Tu vois Babou, voyager ne t'apporte pas seulement la liberté mais te permet d'apprendre beaucoup de…

– Il n'a pas eu de mal à connaître tout ça, me coupe Annie, la paire de lunettes de soleil posée sur le bout du nez. Je viens de lui apprendre !

Un long ruban goudronné s'étale devant les roues du camping-car et serpente parmi les dunes blondes d'un désert sans fin. Nous avons quitté Ali, l'Allemand et Nouadhibou ce matin pour mettre le cap sur la capitale Nouakchott, 500 kilomètres plus au sud.

Rien, il n'y a rien. Aucune ville, aucun village. Rien sinon deux stations-service et quelques check-points.

– Vous avez de l'aspirine ? nous demande un fonctionnaire armé. Dans le désert, nos enfants ont souvent mal à la tête.

Annie lui offre deux cachets. Elle doit gérer son stock car les contrôles sont réguliers dans la région. « Pour notre sécurité » disent-ils. En dehors des contrôles, la police organise le covoiturage. Elle vient de demander à Olivier de prendre un des leurs pour le déposer à la capitale. Il a naturellement accepté.

Nous longeons le parc national du Banc d'Arguin, une réserve naturelle exceptionnelle pour sa population d'oiseaux. Ici s'échoua la frégate *La Méduse*. Abandonnés par leur commandant, 146 hommes et une femme – hum, hum ! – dérivèrent pendant deux semaines sur un radeau de fortune sans vivres et sans eau douce. Seulement quinze survivants furent retrouvés. J'imagine les scènes atroces de meurtres et de cannibalisme sur cette lugubre embarcation immortalisée par Géricault.

Comme une provocation, le vent nous fait face. La jauge du carburant descend rapidement. Sur le bord de la route, un vieil homme, posté devant son camion, nous montre un bidon d'essence. Annie s'arrête. Le brave homme est tombé en panne sèche. Plus de carburant. Malheureusement, nos deux jerricanes de 10 litres chacun sont vides depuis notre voyage en Mongolie. Alors, je lui propose de siphonner le précieux liquide directement dans le réservoir du camping-car. Mais nous n'avons pas de tuyau. Le vieux Maure sourit et se rend dans la cabine de son camion. Il en revient avec un bidon et un tuyau en plastique. Ce n'est certainement pas sa première panne ! Accroupi, l'homme aspire et ne récupère que deux ou trois litres. C'est peu mais il est satisfait car la première station-service est toute proche. Comme l'explique une sagesse mauritanienne : « En période de disette, il est important d'avoir l'esprit de partage. » Nous nous arrêtons aussi pour remplir un de nos bidons.

Envahie par le sable, abandonnée par l'électricité, la petite station semble vivre ses derniers instants. L'employé approche de la pompe. Une manivelle dans la main, il redresse ses manches puis décroche le pistolet pour l'enfoncer dans le jerricane rouge. Plusieurs tours de manivelle suffisent pour remplir le bidon. Je paie le bon prix, enfin je crois.

Cent kilomètres plus loin, la seconde station-service. Plus moderne, plus accessible, elle possède des toilettes, un café et une épicerie au nom évocateur de « Gare du Nord ». Nous y faisons une pause déjeuner même si la chaleur accablante nous coupe définitivement l'appétit. Le thermomètre grimpe jusqu'à 40 degrés. Celui de la glacière indique 24, la limite tolérée par l'Interféron. Nous profitons d'un robinet d'eau pour nous asperger abondamment et repartons.

Puis, plus rien. Seulement le désert. Celui-ci couvre 75 % de la superficie totale du pays. Autour de nous, des dunes plus fascinantes les unes que les autres. Par endroits, le sable s'invite sur la route. À l'approche de Nouakchott, des nuages gris apparaissent. Le temps s'alourdit et mes pores dégoulinent de sueur. Annie prend un autostoppeur. Le vieil homme ne parle ni ne comprend le français. Après trois contrôles successifs, la police, la gendarmerie et la douane, nous arrivons enfin à la capitale mauritanienne. Les rues de la ville sont gorgées d'eau. C'est l'hivernage, la fin de la saison des pluies, avec son lot d'averses et d'orages parfois violents. L'air est humide, saturé de vapeur d'eau. Nous passerons la nuit dans la petite cour d'une auberge, à l'entrée de la ville. Elle possède du wifi.

La ville de Nouakchott a été créée à la fin des années 50, peu de temps avant l'indépendance du joug colonial français. Bâti autour d'un ksar, le petit fort de l'armée française situé entre Nouadhibou, peuplé de Maures blancs, et Rosso, dont la population est noire, a prospéré. Tout comme Annie, je suffoque dans la moiteur d'une soirée tropicale. Cette nuit, des orages devraient éclater.

Nous commençons notre traitement antipaludéen ce soir. Avec sa piqûre d'Interféron et la chaleur, Annie ne se sent pas très bien : elle a des nausées. Grâce à Internet, Léo converse avec ses sœurs.

Salut les filles !
Nous sommes à Nouakchott, la capitale de la Mauritanie. Il fait très chaud ici. On bivouaque dans une auberge et il y a des Espagnols qui font un boucan pas possible.
L'autre jour, on a fait de la piste entre le Maroc et la Mauritanie et on s'est ensablés deux fois. Après, on a vu le train le plus grand du monde.
Comment va Team ? Je suis sûr que je lui manque ! Faites-lui une grosse caresse de ma part.
À+ Léo.

Bon ! Là aussi, j'ai enlevé quelques fautes.

– Que faites-vous ? nous demande Olivier entre deux gorgées de soda. Prolongez-vous votre visa ?

– Non ! lui répond Annie. On part. À notre retour, on restera plus longtemps en Mauritanie.

– Et il fait trop chaud. Il fera meilleur en décembre.

– On continue la route ensemble alors, conclut Olivier.

Un violent orage éclate. Cela rafraîchit, mais comme je suis obligé de fermer les lanterneaux et les fenêtres, l'air nous manque rapidement.

Hier soir, sur Internet, nous avons reçu des e-mails d'amis nous avertissant que l'Afrique de l'Ouest est frappée par de graves inondations. Nouakchott ne fait pas exception. Les rues sont immergées, nous obligeant à zigzaguer entre les trous remplis d'eau. Tout cela n'empêche pas la police de nous arrêter et de nous soutirer cinq euros de taxe de ville en échange d'un joli macaron. J'ai encore et toujours des doutes sur cette taxe.

Notre petit convoi traverse le Cinquième Quartier, un quartier populaire, paupérisé. La gadoue et les inondations laissent une impression de désolation dans l'esprit de Léo.

– Ce n'est pas terrible ce coin, juge-t-il.

– Cela ressemble à un vaste bidonville, pense Annie, les mains cramponnées au volant.

Nouakchott a été conçue pour accueillir les fonctionnaires des nouveaux ministères et une centaine de milliers d'habitants. Mais d'effroyables sécheresses ont poussé un grand nombre d'éleveurs à venir s'implanter dans ces bidonvilles appelés ici *kebbe*. Le nomadisme concernait 75 % de la population mais il est descendu aujourd'hui à 15 % voire moins. Les habitations sont faites de bric et de broc avec, de temps en temps, une tente et un enclos pour la chèvre.

À la sortie de la ville, le paysage devient plus vert, c'est la savane. Le décor est parsemé de *khayma*. Ces tentes nomades au toit conique forment un grand rectangle pouvant atteindre 50 mètres carrés. Malgré leur légèreté, elles résistent aux vents sahariens.

Deux cents kilomètres plus au sud, nous arrivons à Rosso par la banlieue nord, encore un épouvantable bidonville. La ville frontalière avec le Sénégal est plutôt démunie. Ce n'est pas le grand amour entre ces deux pays, entre les Maures et les Noirs, entre les bergers peuls et les paysans soninkés. À la fin des années 90, le long du fleuve Sénégal, de violents conflits ethniques ont déstabilisé la région provocant des milliers de victimes et de réfugiés.

Ah ! Voilà les grandes portes de la frontière mauritanienne. Dès notre arrivée, une demi-douzaine d'intermédiaires vient nous proposer ses services. Avec Olivier, nous décidons de faire travailler l'un d'entre eux. Cinq euros par véhicule. Le jeune homme va réaliser toutes les formalités plus l'achat du ticket pour la traversée du fleuve. En vingt minutes, tout est réglé. Un bac fait la navette entre les deux pays mais il est en panne. Peu de temps après, un autre bateau arrive. À nous le Sénégal ! À nous l'Afrique noire !

Le Sénégal

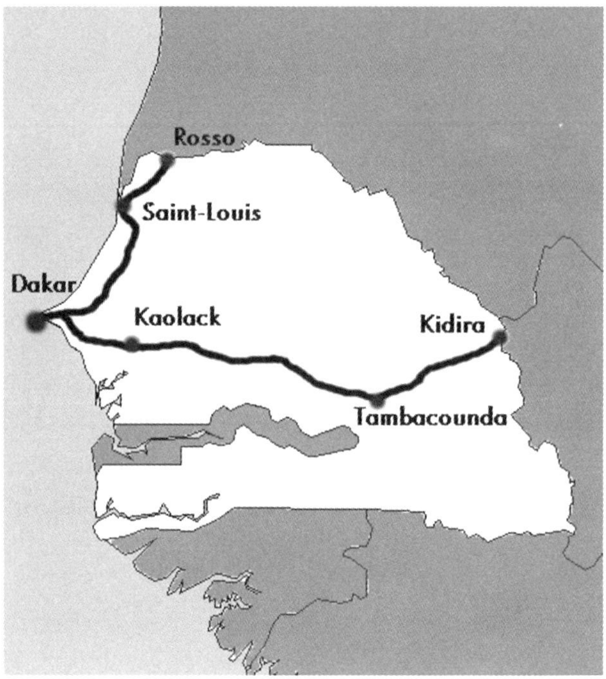

3

« Qui veut avoir des enfants coûte que coûte
épouse une femme enceinte. »
Sagesse sénégalaise.

Les roues dans l'eau, le camping-car monte péniblement sur le bac. Pendant la traversée, j'enregistre des images quand un opportuniste m'interpelle et me demande 20 euros pour avoir filmé le fleuve. C'est bien essayé !

Le bac accoste. Nos véhicules sont pris d'assaut par des individus armés de seaux d'eau et d'éponges. Ils lavent la camionnette de nos amis malgré les réprimandes de Pascale. D'autres jeunes s'empressent autour de nous pour nous guider, faire le change ou vendre une assurance. Cette fois, nous allons nous débrouiller seuls, comme des grands.

Après le coup de tampon de la police apposé sur nos passeports, nous passons à la douane. Mince ! C'est la halte déjeuner et nous devons attendre deux heures. Je profite de cette pause pour contracter une assurance automobile. Les laveurs de voiture ont terminé leur besogne. Pascale ne paiera pas. Normal, elle les avait prévenus.

Il fait chaud. Les bureaux ouvrent. Des dizaines de Sénégalaises chargées de lourds ballots attendent patiemment leur tour.

– Avez-vous votre ticket de bateau ? me demande le responsable des lieux. Vous n'êtes pas inscrits sur la liste des passagers.

– Oui bien sûr, je vous l'apporte.

C'est évident, ce gradé cherche à récupérer quelques menues monnaies. On patiente pendant une bonne heure. Pour l'apitoyer, Félix, le fils d'Olivier, vient jouer l'enfant malade.

– Vous avez besoin d'un médecin ? interroge le douanier devenu subitement arrangeant. Si vous le désirez, il sera là dans deux ou trois heures.

– Non, ça ira !

Nous attendons. Comme le raconte une sagesse sénégalaise : « L'impatience conduit à de grosses bêtises. » Au bout d'une heure, le fonctionnaire nous remet le passavant et le reçu contre 2 500 francs CFA.

– Soyez les bienvenus ! nous souhaite-t-il tout en sourire.

Il est 17 h 15. Nous payons le parking, une taxe de la ville de Rosso-Sénégal, et quittons l'antre douanier.

Rosso, la porte d'entrée du Sénégal, souffre visiblement d'insalubrité et ne donne aucune envie d'y rester, même pour une nuit. Comme la plupart des villes frontalières, elle connaît la petite délinquance, la prostitution, le trafic de drogue… Des dizaines de camions encombrent la rue principale et passeront la nuit ici car le deuxième et dernier bac vient de partir.

Les trous dans le macadam sont aussi nombreux que les contrôles policiers. La réputation des forces de l'ordre n'est plus à faire dans cette région. La nuit va bientôt pointer le bout de son nez quand nous arrivons à Ross-Béthio.

Annie souhaite s'arrêter. Les Toulousains préfèrent poursuivre la route jusqu'à Saint-Louis et profiter ainsi d'une chambre et d'une bonne douche. Ce n'est pas très commode de dormir dans la rue à cinq dans une fourgonnette. Avant de nous quitter, nous voulons boire une bière fraîche. Moyennant une pièce, un jeune homme nous conduit jusqu'au seul bar de la ville, un bar dépouillé, faiblement éclairé, aux murs d'un bleu profond. Il est tout proche de la gendarmerie alors j'en profite pour demander aux militaires l'autorisation de stationner devant leurs locaux. Pas de problème.

Ce soir, nous étouffons. Trop chaud et pas un brin d'air. Des gamins passent devant le camping-car, s'interrogent sur cette présence insolite et poursuivent leur route. Les rues sont partiellement inondées et je m'émerveille devant l'élégance et la beauté des Sénégalaises. Ces belles femmes plantureuses rayonnent dans leur boubou étincelant. Elles semblent surfer sur les flaques d'eau.

Dans la rue principale, j'ai remarqué quelques gargotes. Avec cette chaleur, pas question pour Annie de cuisiner. J'attrape une boîte hermétique dans le placard situé à côté du réfrigérateur et, équipé d'une lampe frontale, je me dirige vers l'un des petits restaurants. Je choisis des haricots noirs accompagnés de morceaux de bœuf bouillis. Délicieux et copieux.

Un gradé de la gendarmerie vérifie que nous sommes bien installés. Il fait trop chaud pour regarder un DVD. Les fenêtres sont grandes ouvertes et les moustiquaires scratchées sur les parois. Annie les a fabriquées avant notre départ.

Durant la nuit, nous sommes bercés par le coassement des grenouilles, les aboiements de quelques chiens, le braiment des ânes et par d'étranges chants. Ils semblent venir du fin fond des ténèbres. Procession ? Messe noire ?

Avec tous ces bruits et cette touffeur si pesante, la nuit fut difficile. Le thermomètre indique 27 degrés dans la glacière. Je la branche aussitôt sur l'allume-cigare. Dehors, une dizaine d'enfants dépenaillés s'installe autour du camping-car, certains trimballent avec eux un petit seau ou une gamelle. Avant de partir pour Saint-Louis, nous saluons les gendarmes et les remercions.

L'état de la route s'améliore à l'approche de l'ancienne ville coloniale et nous subissons un dernier contrôle policier. Permis de conduire ? Le voilà. Assurance voiture ? Pas de problème, la voilà. Triangle ? Oui, nous en avons même deux au cas où. Extincteur ? Il est là, tout neuf, encore enveloppé dans son plastique rétracté. J'aime bien quand tout est en règle dans ces moments-là. Nous pouvons poursuivre notre route.

Saint-Louis est divisé en trois secteurs bien distincts. Nous arrivons par le Sor, le quartier le plus récent de la ville bâti dans une cuvette sur le continent. Alors, forcément, il subit des inondations importantes. C'est un quartier populaire, très animé. Annie se perd, fait demi-tour et trouve le fameux pont Faidherbe. Cette succession d'arcs d'acier était destinée à chevaucher le Danube mais après une erreur improbable de livraison, il s'est retrouvé au Sénégal. Grâce à lui – je ne sais plus si c'est une création de Gustave Eiffel ou pas – nous rejoignons l'île de Ndar, ou l'île Saint-Louis, où se trouve l'essentiel du patrimoine colonial. Un deuxième pont, plutôt délabré, le pont Moustapha Malick Gaye, nous mène dans le troisième quartier : la péninsule de la Langue de Barbarie, habitée jadis par les esclaves libérés. Nous cherchons un camping.

– Prends à droite Annie ! Les campings doivent se trouver au nord.

– Tu en es sûr Papa ? me dit un Léo sceptique. Moi, j'aurais pris à gauche.

– Moi aussi, soutient Annie.

– Mais non, écoutez-moi !

Ils ont raison ! La péninsule n'est pas bien large alors il est difficile de s'y perdre. Annie quitte l'avenue principale, tourne à gauche et encore à gauche. Le goudron a disparu pour laisser la place au sable. Les rues rectilignes sont vivantes et colorées. Nous sommes dans le quartier animé des pêcheurs.

Plus au sud, après le cimetière musulman et avant le quartier de l'Hydrobase, lieu de départs des épopées transatlantiques de Jean Mermoz, nous atteignons le camping de l'Océan. Depuis plusieurs années il est géré par Raymond. Ce n'est pas encore la pleine saison alors le camping est vide à l'exception d'un Argentin enraciné ici depuis plusieurs mois. Le terrain est situé au bord de la mer mais l'important pour nous, pour la glacière, c'est une prise. Raymond nous improvise un branchement vite fait et bien fait. Nous pouvons nous raccorder au circuit électrique !

Annie appelle Pascale pour lui signaler notre installation à l'Océan. Ils sont dans un hôtel tout près de là et décident de venir camper avec nous. Après la douche, j'offre un verre à ma petite famille.

– Je vis au Sénégal depuis une vingtaine d'années, nous raconte Raymond le visage buriné.

– Tu es seul ? lui demande Annie toujours aussi curieuse de ce genre d'histoire.

– J'ai été marié à une Sénégalaise. Elle tient l'hôtel à côté. Nous avons un fils de 15 ans, Joseph. Il sera là tout à l'heure. Léo, tu pourras jouer au foot avec lui, il se débrouille bien, tu sais.

– Et comment fait-on pour aller en ville ?

– Tu prends un *clando*.

Les *clandos* sont les taxis clandestins qui circulent sur la Langue de Barbarie. Ces véritables épaves, de vieilles Renault 12 toujours bondées, avancent péniblement. Au passage de l'un d'eux, je lève la main et, pour un prix dérisoire, il me dépose au pied du pont Moustapha Malick Gaye.

Le marché alimentaire se trouve sur le Sor. Je traverse donc l'île Saint-Louis puis le pont Faidherbe pour me retrouver près de la gare. À une vieille dame, j'achète une poche de lait caillé. Plus loin, je trouve des tomates, du poisson séché – je ne sais pas si Léo va apprécier – et des cacahuètes – ça, il adore.

Pour revenir au camping, je prends un autre *clando*, une bagnole complètement défoncée et rejoins Joseph et Léo. Ils tapent dans un ballon rond. Les Toulousains sont là et leurs trois garçons jouent aussi. Cet après-midi, face au pont Malick Gaye, j'ai repéré le maillot du Sénégal au marché vestimentaire. Je te l'achèterai demain, mon Babou.

Ce soir, Olivier offre l'apéritif.

La ville de Saint-Louis fut créée dans les années 1650 sur l'île de Ndar par Louis Caullier et fut nommée ainsi en l'honneur du roi Louis XIV. La première implantation française en Afrique s'enrichit grâce à la traite des Blanches et au commerce de la gomme. Ce matin, nous partons visiter la ville.

Léo, guide en main, nous balade parmi les ruelles rectilignes d'une île coincée sur le fleuve Sénégal entre la péninsule et le continent. Elle fut le quartier européen, les Africains étant installés sur la Langue de Barbarie. L'état de délabrement avancé des bâtiments lui confère un charme particulier, authentique.

– On commence par le nord, nous indique Léo. Il y a une mosquée là-haut.

– Il fait chaud, se lamente Annie. Où est la bouteille d'eau ?

Je la lui tends. Après l'édifice religieux flanqué d'un minaret-horloge, Léo nous ramène vers le centre de l'île. En comparaison avec la Langue de Barbarie et le Sor, ce quartier n'est guère peuplé. Les animaux domestiques s'y sentent bien : les vaches aux longues cornes avec une boule de graisse sur la nuque attendent patiemment la traite, les chèvres fouillent librement dans les détritus… Les maisons à étage aux enduits roses possèdent des balcons aux balustrades en bois ou en fer. Par les portes aux encadrements moulurés, nous apercevons bien souvent une petite cour apportant de la fraîcheur.

– J'ai faim ! dit Léo. Le petit restaurant noté dans le guide me paraît bien.

– On verra plus tard, Babou. On continue la visite.

– J'ai soif, agonise Annie. On pourrait peut-être se reposer et manger quelque chose comme le propose Léo.

– Pfff…

– Suivez-moi ! ordonne Léo.

Annie peine à suivre l'allure imposée par notre fils. Quand il a une idée, celui-là ! Vu les prix pratiqués, il peut être « bien » le restaurant choisi par Léo. Je n'ai pas trop de mal à lui faire comprendre qu'il serait souhaitable pour notre budget d'en choisir un autre. En contrepartie, il aura un maillot de football encore plus beau. D'accord, Léo ?

Nous trouvons une modeste taverne où sont préparés de délicieux poulets yassas, un poulet mariné, grillé puis cuit dans une sauce épicée aux citrons et aux oignons. C'est le plat choisi par Annie. Léo préfère le bœuf yassa. Moi, j'ai commandé des crevettes yassas. Comme à notre habitude, tout le monde goûte le plat des autres. Un véritable régal ! Annie commande une bouteille d'eau. La capsule est déjà ouverte, est-ce l'eau du robinet ? Je le signale alors au serveur mais il n'en a cure. L'estomac convenablement calé, nous poursuivons notre promenade malgré une chaleur accablante.

– J'ai soif, reprend Annie.

– On achète du Coca ! propose Léo. Tu m'as toujours vanté ses qualités.

Nous voilà au centre de l'île, devant l'hôtel de la Poste, un hébergement rendu célèbre par les aviateurs de l'Aéropostale et nous sommes harcelés par de soi-disant artistes, sculpteurs, dessinateurs, par des cochers et leur calèche et par des guides plus ou moins officiels. Avec cette chaleur suffocante, cela devient vite pénible.

– J'ai soif, continue la pauvre Annie.

– Tu veux une bière ?

– Je veux bien.

– Et moi un Coca !

Arrêt dans un café spacieux et frais au bord du fleuve.

Réhydratés, nous nous dirigeons vers la partie sud de l'île où se trouve la cathédrale. Je la photographie quand un homme parlant un anglais parfait se positionne devant moi et me demande de le prendre avec mon appareil photo. Je suis surpris. Très surpris même car les Africains n'apprécient pas d'être photographiés. Ils ont peur de perdre leur âme, mais surtout, ils sont persuadés que nous allons exploiter leur image pour nous enrichir. Moussa passe par là.

– Il vient de Gambie, nous explique-t-il. Si tu le prends en photo, il est persuadé de voir son âme partir à Paris, lui assurant ainsi une meilleure vie.

– Ah !

– C'est sa croyance. Je suis peintre, voulez-vous voir mes tableaux ?

Nous retournons au camping. Petit tour à la plage. Dans la soirée, un violent orage éclate, accompagné d'une forte pluie. Pendant une demi-heure, elle nous apporte une fraîcheur bien agréable. Ce soir, malgré l'assaut de centaines de moustiques, nous offrons l'apéritif à Pascale, Olivier, Diego l'Argentin et Raymond.

Annie se prépare pour accompagner Pascale à la messe. Je leur trouve un *clando*. Pendant ce temps, Léo m'aide à mettre un peu d'ordre dans le camping-car. Puis, je m'active à laver la vaisselle et le linge, à vider les eaux usées et la cassette des toilettes. De son côté, Léo travaille son latin. Les mamans reviennent à 11 heures.

– C'était une jolie messe, nous raconte notre pieuse Annie. Il y avait un monde fou.

– Bien.

– Le curé venait de Dakar, poursuit sainte Annie. Il a fait un sermon critique sur Wade, le Président sénégalais.

– Intéressant.

– Et les chants étaient beaux.

– Vous vous êtes débrouillées toutes seules pour revenir ? ironise Léo.

Pour midi, nous achetons dans une gargote située près du camping trois parts de riz, de légumes et de boulettes de viande. Sur le chemin du retour, nous entrons dans une caserne militaire où nous trouvons de la bière et du vin. À l'intérieur des bâtiments délabrés, les soldats dorment sur des lits de camp protégés par des moustiquaires. Étonnante cette vente d'alcool organisée par des militaires ! J'achète deux bières pour accompagner notre déjeuner.

Cet après-midi, je me rends au marché face au pont Moustapha Malick Gaye pour acheter le maillot de l'équipe nationale sénégalaise. Je décide d'y aller à pied. Avant le cimetière musulman où sont enterrés la plupart des pêcheurs, de petits terrains de football sont envahis par des équipes de jeunes représentant leur quartier. Ce soir, nous irons voir un vrai match.

Plus loin, les pirogues apparaissent. La saison de la pêche est terminée alors les hommes s'affairent à réparer les filets, à repeindre les bateaux… D'autres, à l'aide de haches, façonnent le dessous d'une pirogue. Certains aplanissent le fond de la coque avec une herminette ou une lame munie d'une poignée à chaque extrémité.

Je poursuis mon chemin.

Malgré la basse saison, une pirogue vient d'accoster. Des hommes déchargent le poisson puis le transportent dans des bacs plastiques posés sur leur tête pour le transférer dans un camion frigorifique. Je demande au contrôleur du chargement l'autorisation de prendre quelques photos. Il accepte. Malheureusement, je me heurte à l'hostilité des marins. Je n'insiste pas.

Une partie de la pêche est récupérée par les femmes. Le poisson va être vidé, étêté, écaillé et bouilli dans des chaudrons remplis de saumure. Les têtes et les écailles serviront de combustible. D'autres poissons seront séchés et fumés sur des petits étalages en bois. Il se dégage de ces lieux, une odeur indicible. L'ensemble est unique, féerique dans un sens.

J'approche du pont.

Devant les maisons basses, des dizaines de baby-foot investissent les trottoirs. Un jour, on s'y mettra avec Léo ! J'arrive au terminus des *clandos* et pénètre enfin sous le marché couvert. Les maillots ne manquent pas ici et j'hésite entre deux. Le blanc, avec les deux bandes jaunes sur les côtés, flanqué d'une tête de lion – le symbole de l'équipe nationale – avec le nom de Diouf et le numéro 11 dans le dos, me plaît. C'est indéniable, il va ravir Léo. C'est le deuxième.

Je franchis le pont Moustapha Malick Gaye pour retirer de l'argent au distributeur automatique de billets. Sur le chemin du retour, un taxi s'arrête à ma hauteur. Une femme, installée à côté du chauffeur, me demande de monter. C'est la femme de Raymond, en fait, son ancienne femme, la patronne de l'hôtel.

18 h 30. Robin, Félix et Olivier sont prêts. Diego aussi. Léo aussi. Pour rejoindre le stade situé au Sor, nous prenons forcément un *clando*. Nous sommes neuf dans la Renault 12. À l'instar du taxi, le stade est plein, peut-être 8 000 ou 10 000 personnes survoltées, debout derrière leur équipe préférée. Le public, connaisseur et enthousiaste, assure l'ambiance, rythmée par les percussions mais aussi par les buts. À la sortie du stade, les poches d'Olivier et de Diego auront la visite de mains plutôt indélicates...

C'est le départ. Nous faisons le tour du camping pour saluer d'abord Diego, puis Joseph et son père et enfin la famille toulousaine. Pascale laisse échapper quelques larmes.

Avant de quitter Saint-Louis, nous passons à la douane dont les locaux se trouvent sur l'île pour prolonger le passavant. Le commandant s'est absenté et nous devons patienter deux heures. Arrive enfin un élégant bonhomme sympathique. Il nous octroie quinze jours de plus.

Annie sort difficilement du Sor. Les minibus perturbent la circulation en s'arrêtant tous les 100 mètres et en faisant des écarts incontrôlés pour éviter les nombreuses flaques d'eau. Un policier nous arrête à la sortie de la station-service où nous venons de faire le plein. J'avais oublié de mettre ma ceinture de sécurité. Enfin, j'étais sur le point de la mettre.

– Vous n'avez pas mis votre ceinture, nous dit notre agent de manière assez agressive ma foi. Passeport, permis, assurance !

Non vraiment, il n'a pas l'air de rigoler celui-là. Comme je vous le disais au début de ce chapitre, la police est détestable dans cette région. Annie lui remet les documents.

– Bon, cela fait 20 000 francs CFA.

En partant du principe qu'un euro est égal à 655 francs CFA, la somme demandée par cet homme zélé représente selon mes rapides calculs 30 euros environ.

– Non, c'est trop !

Il tourne nerveusement autour du camping-car avec les papiers.

– Alors 12 000 !

– Non ! insiste Annie.

– Vous allez me suivre au commissariat et là vous paierez bien plus.

– Soyez compréhensif, j'étais en train de la mettre.

– 6 000 francs et vous pouvez partir.

– 3 000 ! D'accord ?

– O.K., conclut-il.

D'après lui, il ne fait aucune différence entre touristes et Sénégalais. Alors, il arrête un minibus, trop chargé à son goût et nous le fait remarquer. Annie reprend la route, celle de Dakar.

– Depuis notre tour du monde, c'est la première contravention payée, remarque-t-elle.

– On vieillit, chérie, on vieillit.

En dehors de la région de Saint-Louis, la police est plus clémente. Il suffit d'amener la conversation sur l'Olympique de Marseille. « Quand Marseille perd, je ne mange plus ! » nous dit l'un des fonctionnaires à la sortie de Louga.

Les baobabs apparaissent, majestueux, aux formes tourmentées. La végétation est luxuriante et le taux d'humidité avoisine les 80 %. Nous arrivons à Thiès, un important carrefour routier situé à 70 kilomètres de Dakar. Tellement important que j'induis Annie en erreur, la menant sur la mauvaise route malgré les protestations de Léo. Le copilote vieillit, il va falloir laisser la place à la jeunesse…

Thiès est une ville ombragée, agréable, nous semble-t-il, mais nous ne trouvons pas de bivouac intéressant et poursuivons notre route. La nuit tombe. À Diam Niada, Annie remarque une belle station-service. Nous apprécions dormir dans ces lieux pourtant dénués de poésie. Ouverts 24 heures sur 24, ils sont sécurisants, possèdent souvent une épicerie ou un restaurant, des toilettes voire des douches, un robinet d'eau et l'accueil y est toujours formidable. Comme ici. Le gérant nous souhaite la bienvenue et donne des consignes à son personnel. Pour notre sécurité, il nous conseille d'installer le camping-car sous les lampadaires. Les pompistes s'assoient près de nous comme pour mieux nous protéger.

Le seul hic de la soirée est cette torpeur écrasante. Annie dégouline de sueur et le poulet grillé acheté sur le bord de la route passe mal. Et puis, il y a ces diables de moustiques. J'achète une bombe anti-bébêtes volantes et piquantes. Sous la pression de Léo, j'en achète une seconde. Nous fermons les fenêtres, je pulvérise pendant dix bonnes minutes et nous allons boire une bière dans la boutique de la station le temps que le produit fasse son effet. L'absence d'air va rendre la nuit difficile mais les moustiques ont disparu.

L'approche de Dakar est laborieuse, harassante... Des travaux d'aménagement entraînent de monstrueux embouteillages. Cela permet aux vendeurs ambulants de se faufiler entre les voitures et de proposer aux conducteurs et à leurs passagers une panoplie d'articles divers et pratiques : cartes téléphoniques, cigarettes, briquets, mouchoirs, petits gâteaux, jus de fruits, autocollants… Je n'ai pas trouvé le drapeau du Sénégal pour l'appliquer derrière le camping-car. Certains articles se vendent bien, ainsi les serviettes éponges et les éventails sont très demandés. Vu la chaleur, je ne suis guère étonné. Bien sûr, les laveurs de pare-brise se sont joints à eux. Ils lavent tout. Inutile de refuser, vous donnez une pièce ou pas. Et puis, il y a ces jeunes garçons, déguenillés, souvent pieds nus, portant sous le bras une boîte de conserve de tomates. Ils demandent l'aumône parfois avec insistance. La police est là aussi, plantée aux carrefours importants. Elle gère comme elle peut la circulation. Tout ce beau monde égaie quelque peu les files anarchiques et interminables de voitures, minibus, bus et camions qui patientent dans un concert de klaxons assourdissants. Et l'aiguille de la température moteur s'approche lentement du rouge…

Ce matin, notre destination première est le consulat du Mali. Je l'ai localisé sur la carte de notre guide et propose à ma conductrice préférée, pour sortir de cet enfer citadin, de longer la côte de la péninsule du Cap-Vert.

– C'est toi le copilote, moi je conduis.

Le camping-car sort enfin des embouteillages, passe au village de pêcheurs de Yoff, devant le stade Léopold Sédar Senghor, l'aéroport international Léopold Sédar Senghor et le quartier des Almadies. Maintenant, il longe un ouvrage pharaonique tout comme son prix : le monument de la Renaissance africaine. L'œuvre de style « soviétique » haute de 150 mètres représente une famille dressée vers le ciel. Le père porte un enfant dans ses bras mais, actuellement, il lui manque la tête. Le monument symbolise « une Afrique sortant des entrailles de la terre, quittant l'obscurantisme pour aller vers la lumière » et il a provoqué une vive polémique autant sur son utilité que sur son coût dans un pays en proie à une féroce crise financière. On reconnaît bien la mégalomanie de Wade.

Nous approchons maintenant du quartier Fann où se trouve le consulat recherché. À partir de là, nous allons nous perdre car la carte de notre guide est imprécise. Je demande notre route à chaque passant quand une voiture s'arrête. Un militaire français en descend.

– Bonjour, je m'appelle Bruno ! Vous vous souvenez ?

– Bruno ?

Quelle incroyable coïncidence. Nous avons rencontré Bruno au Tadjikistan, il était en mission sur une base américaine et nous, en voyage sur les Routes de la Soie. Il nous mène au consulat du Mali où je demande des visas d'un an à entrées multiples. Ils seront prêts demain dans l'après-midi. Tout proche d'ici se trouve une grande épicerie tenue par des Libanais comme c'est souvent le cas à Dakar. Selon Bruno, je peux y changer des euros à un taux avantageux. J'y vais, change 100 euros contre 65 600 francs CFA, achète de quoi déjeuner, un soda pour Léo et quelques bières. Je les partage avec Annie et le militaire voyageur.

Bruno doit nous quitter. Pour déjeuner, Annie se gare un peu plus loin dans une rue ombragée, devant une grande maison. Magali arrive. Elle est originaire de Cognac et vit au Sénégal depuis une douzaine d'années, dans cette maison précisément. Aussitôt, elle nous propose un café. Erwan, son fils, emmène Léo jouer à la PlayStation et à la Wii avant de piquer une tête dans la piscine. Magali nous invite à dîner pour le lendemain.

– Modar, notre gardien, va vous montrer où se trouve une prise électrique.

– Merci Magali !

– Et ne vous promenez pas le long de la corniche après la tombée de la nuit !

– Non, non ! lui répond Léo.

La soirée est suffocante. Face au camping-car, un ancien conteneur sert de petite épicerie. Le tenancier possède une télévision installée dans la rue alors les garçons en profitent pour regarder un match de football de la Coupe du Monde des moins de 20 ans. De retour dans la fournaise, nous trouvons une Annie perplexe, pas inquiète mais perplexe.

– Je viens d'avoir Louise au téléphone et elle m'a parlé des derniers événements de Guinée. Il y aurait une centaine de morts et elle ne veut pas devenir orpheline.

Je vous explique. La Guinée Conakry était l'un des objectifs de notre voyage en Afrique de l'Ouest. En effet, la classe de Lola correspond avec un lycée guinéen et doit trouver des financements pour construire des toilettes. Ce périple était l'occasion d'apporter aux élèves africains les lettres de leurs correspondants français et quelques cadeaux. Malheureusement, les récents événements, le massacre de 160 manifestants dans un stade et la fermeture des frontières, nous contraindront à annuler notre passage dans ce pays.

Léo prépare la visite de Dakar.

Modar nous trouve un taxi et négocie le prix. Le véhicule nous emmène jusqu'à la cathédrale – assez belle, ma foi – point de départ de notre excursion urbaine. Comme à son habitude, Léo est aux commandes.

– C'est pas mal la Wii, lance-t-il d'un air suspect.

– On commence par quoi mon Babou ?

– Par le palais présidentiel !

Léo nous fait remonter le boulevard de la République puisque le palais se trouve au bout. Là, je demande l'autorisation à la sentinelle, un véritable colosse, de filmer. Pas question ! Photographier, oui, mais pas filmer. Bon ! Léo et Annie encadrent l'homme armé d'une mitraillette. Leurs visages se trouvent au niveau de son nombril. Je prends quelques photos.

L'avenue Léopold-Sédar-Senghor nous emmène jusqu'à la place de l'Indépendance. Le cœur de la ville est bordé de longs bâtiments coloniaux dont l'hôtel de ville. De là, nous prenons la direction de l'ouest pour le plus grand marché de la capitale : le marché Sandaga.

– On va peut-être y trouver une Wii, pense Léo.

Comme la plupart des marchés africains, celui-ci est animé. Animé aussi, le quartier où trône la grande mosquée. Partout des petites boutiques, des pièces automobiles, des pneus, de la ferraille. Nous apercevons sur certains murs le portrait de deux hommes coiffés d'un voile, l'un vêtu de blanc, l'autre de noir, se faisant face. Qui sont-ils ? Ici, pas de harcèlement de la part des petits vendeurs ambulants ou des rabatteurs, les touristes sont plutôt rares dans ce quartier populaire. Bizarrement, seuls les rastas nous semblent inamicaux. Pourtant, nous aussi, nous adorons Bob Marley !

Léo ne trouve pas de magasins proposant des Wii.

– Il faudrait aller dans des quartiers plus chics, suggère-t-il.

Retour au bivouac, dans un quartier plus chic comme le souhaitait Léo. Je récupère les visas maliens puis nous allons cogner dans le ballon sur un terrain plus ou moins vague de la corniche.

18 heures. Léo part pour une partie de Wii chez Erwan. Avec l'aide de Modar, je fais le plein d'eau, de son côté, Annie prépare son injection. Magali et Alain, son mari, viennent nous chercher. Le dîner est plutôt réussi. Le taboulé et l'houmous accompagnent avec succès les délicieuses brochettes de mouton connues et reconnues sous le nom de *dibi hassoua*.

– Nous avons croisé pas mal de rastas en ville.

– Les dreadlocks te font penser à des rastas, me répond Alain, mais ce sont des Baye Fall.

Alain se lance dans une longue explication que je vais essayer de résumer ici sans trahir ses propos. Il existe au Sénégal une confrérie puissante et influente de confession musulmane appelée « confrérie des Mourides », fondée par Cheik Amadou Bamba, le « voile blanc ». Le Baye Fall est une branche de cette communauté dont le leader spirituel est Cheik Ibra Fall, le « voile noir ». Créée pendant la colonisation – d'où, peut-être, cette hostilité envers les Blancs – la confrérie est dirigée par des marabouts, maîtres spirituels, dont le rang le plus élevé est le « calife ». Les adeptes portent des dreadlocks, une large ceinture et des amulettes de cuir. Ils glorifient Allah en lui louant de longs chants religieux et c'est sans doute ce que nous avons entendu la première nuit de notre séjour au Sénégal. Un grand nombre de Baye Fall ne pratique ni le jeûne du ramadan ni les cinq prières quotidiennes comme tout bon musulman. Ils travaillent énormément et s'enrichissent. Bref, un curieux mélange d'islam et de tradition africaine notamment celle des Wolofs. Maintenant, nous ne pouvons plus confondre les rastas avec les frères de la confrérie des Baye Fall.

Le repas se termine par une succulente tarte au citron meringuée.

Nous partons de bonne heure après le rituel des adieux à toute la famille de Magali, à Modar, sans oublier la photo souvenir. Il aurait fallu partir plus tôt pour éviter les emblématiques bouchons dakarois. Modar nous avait promis une très bonne route jusqu'à Kaolack. Des nids de poule apparaissent dans les 40 derniers kilomètres, mais ça roule.

À l'entrée de Kaolack, une gigantesque mosquée semble bien seule, voire abandonnée. Au dire du pompiste de la station-service où nous nous sommes arrêtés pour l'approvisionnement en carburant, le financement de l'édifice religieux aurait des provenances douteuses alors les habitants préfèrent la boycotter.

– Vous pouvez dormir ici, termine le généreux employé.

– Merci mais nous cherchons la mission catholique.

– C'est à droite et encore à droite.

La station nous plaisait mais Léo se sent mal. Très mal. Un gros coup de chaleur, foudroyant. Notre Babou a de violents maux de tête, son corps est brûlant et son estomac, complètement patraque. Mal aux épaules aussi. Nous trouvons facilement la mission. Je pars aussitôt à la recherche de pains de glace et, grâce à l'aide des habitants, déniche quelques poches de glaçons. Léo ingurgite un Doliprane puis s'allonge et se calme. Un peu. La glace produit son effet, l'antalgique aussi. Au bout d'une heure de repos, Léo prend une douche tiède, il va mieux même s'il reste faible. Mon pauvre fiston souffre de cette chaleur intenable, tout comme sa maman et son papa d'ailleurs.

Je retrouve les rues sableuses de Kaolack. Important carrefour routier, la localité possède un port actif. Elle est la ville natale du marabout créateur de la confrérie Baye Niass. Encore une autre. Il n'y a pas grand-chose à faire ici, mais je m'y sens bien. Pour le dîner, j'ai repéré une jeune femme qui prépare des sandwiches de viande et d'oignons grillés. Pas question pour Annie de cuisiner, le mercure est suffisamment élevé comme ça. Léo manque d'appétit mais désire regarder un film. Nous voilà bien installés, il peut lancer la lecture du DVD.

Il a fait 34 degrés cette nuit, la température a baissé de trois degrés par rapport à la journée, c'est peu. On devrait peut-être envisager l'achat d'un ventilateur. Léo va mieux, beaucoup mieux, mais il ne boit pas assez alors sa maman l'oblige à avaler un verre d'eau toutes les demi-heures.

La route de Tambacounda est en partie rénovée à l'exception des 80 kilomètres de déviation chaotiques où Annie ne dépasse guère les 10 kilomètres par heure. Nous sommes souvent contrôlés par une police clémente, ce n'est pas Saint-Louis mais le pays des Sévères. Ici, les cases en torchis sont carrées, exiguës et regroupées par quatre ou cinq, quelquefois plus, selon la taille de la famille. Une palissade entoure ces habitations qui disparaissent derrière les hautes tiges de maïs. On aperçoit, de temps en temps, les toits de chaume. Les villageois nous saluent en secouant vivement la main, parfois pour demander un cadeau, souvent par gentillesse. Entre deux villages, d'immenses termitières parsèment le bord de la route et sur le goudron fraîchement étalé, les rapaces dévorent les restes de gibiers pulvérisés par les roues de quelconques camions.

Nous arrivons tranquillement à Tambacounda après six heures de route et 284 kilomètres parcourus. Je vous laisse calculer la moyenne kilométrique. Pour le bivouac nous choisissons – enfin, c'est plutôt Annie – le parking de l'Oasis Oriental Club, un campement sélect haut de gamme. Un peu cher, huit euros la nuit, mais nous avons de l'ombre, l'électricité, le wifi et surtout, nous pouvons utiliser la piscine et ses douches. On nous prête même un ventilateur. Il fait toujours chaud à Tambacounda.

Notre première activité, après avoir changé plusieurs fois de place pour trouver l'endroit le plus adéquat à une bonne nuit, est de piquer une tête dans la piscine suivie d'une longue, longue baignade. De son côté, Annie réussit à se connecter sur la toile et envoie un e-mail à ses filles.

> *Bonjour mes filles adorées.*
> *Cela me fait plaisir que Lola soit déléguée de sa classe et que toi, Loulou, tu suives toujours tes cours du Code de la route. Tu vas voir, tu l'auras la prochaine fois ! Maintenant, continue de bien travailler au lycée.*
> *Que faites-vous à manger le soir ?*
> *Pour le courrier, si vous ne savez pas ce qui est important, montrez-le à Popo.*
> *Ici, il fait toujours aussi chaud mais mon traitement marche bien. Et puis, nous sommes au Sénégal. Vous le savez, les Africains sont vraiment sympas.*
> *On vous embrasse bien fort. Maman.*

La gamelle sous le bras – c'est assez classique au Sénégal – Léo m'accompagne au centre-ville à la recherche d'un dîner consistant. Nous rapportons au camping-car du riz, des haricots et de la viande bouillie en quantité industrielle.

Quelle nuit ! Annie et Léo se sont enfouis sous la couette tellement l'air était frais. Enfin, une fraîcheur toute relative circulait dans le camping-car. Quel bonheur après ces dernières nuits torrides ! Du coup, Annie souhaite rester plusieurs jours dans ce cadre reposant.

– Je suis d'accord, soutient son fiston.

La piscine a-t-elle influencé son avis ?

Aujourd'hui dimanche, nous allons nous promener dans une ville aux rues droites et poussiéreuses où règne une ambiance chaleureuse. Une odeur de poissons grillés s'évade d'une gargote et nous invite à nous asseoir autour d'une table en bois recouverte d'une nappe transparente. Ndella propose de goûter au *tieboudienne*, le plat national. Le poisson frit est servi avec du riz et des légumes, agrémenté d'une sauce tomate et d'une farce à l'ail. Comme Léo déteste les arêtes, il choisit un poulet *yassa*. Pas de bière ici alors Ndella nous offre un pichet d'une boisson rafraîchissante à base de fleurs d'hibiscus très appréciée au Sénégal : le *bissap*. Merci Ndella. Elle semble tout heureuse d'accueillir dans son modeste restaurant de simples touristes charentais.

La bière, nous la consommerons chez Francis, un bar fréquenté par des chrétiens. Selon les statistiques, entre 90 et 95 % des Sénégalais seraient de confession musulmane. Francis n'est pas là mais Marc, son serveur, efficace et disponible, nous accueille avec la même gentillesse que Ndella.

Accoudés au comptoir carrelé, Raymond et Joseph ingurgitent quelques canettes de bière. Ils sont éducateurs et Raymond, la cinquantaine – c'est toujours difficile de donner un âge à un Africain –, est aussi professeur de musique. Il prodigue quelques conseils à Léo pour progresser à la guitare. À la demande d'Annie, Joseph, plus jeune, tente une explication sur les gamins des rues si nombreux au Sénégal.

– Ce sont des talibés, commence-t-il. Le talibé est un élève qui apprend le Coran. Les garçons, entre 3 et 14 ans, sont confiés, par leurs parents trop pauvres pour subvenir à leurs besoins, à un marabout pour suivre une éducation religieuse. Tu comprends, Annie ? Mais leur première activité est de mendier... 10 heures par jour ! Chaque talibé doit rapporter de 300 à 500 francs CFA à son marabout. Si ce n'est pas le cas, il sera puni et subira de mauvais traitements. Donc, ils essaient, avec leur gamelle, de récolter de l'argent ou bien du riz, du sucre, des gâteaux…

Nous offrons une bière à nos amis du jour et Joseph poursuit sa démonstration.

– Ils vivent dans des taudis et n'ont pas de quoi se vêtir. De toute façon, plus ils ont l'air misérable, plus ils auront de la chance de recevoir quelque chose.

Raymond nous offre une bière et Joseph en profite pour nous parler de la polygamie et cela le fait bien rire.

– Dans le contrat de mariage, les Sénégalais, sauf nous les chrétiens, peuvent choisir entre le régime de la polygamie, quatre épouses au maximum, et celui de la monogamie. Les hommes préfèrent souvent la première solution.

– Cela me plaît bien ton histoire.

– Mais attention, poursuit Joseph, si une femme n'est pas honorée, elle peut avoir envie de prendre un amant.

– Ça me donne des idées, rigole Annie.

Je ne trouve pas ça marrant, vraiment pas marrant du tout.

Joseph nous offre une bière et Marc, trois éventails en matière plastique bien cousus et dédicacés par nos deux joyeux lurons.

Léo propose de prendre un taxi, le bivouac se trouve à 3 kilomètres d'ici.

– Attendez, nous lance Marc, j'offre ma tournée.

Nous quittons nos acolytes, contents d'avoir appris quelque chose.

J'ai profité de notre incursion dans le centre-ville pour contracter, auprès d'une agence, l'assurance automobile appelée carte « brune ». Elle couvre tous les pays de la CEDEAO – Communauté économique des États de l'Afrique de l'Ouest –, c'est-à-dire tous les pays de l'Afrique de l'Ouest en dehors du Maghreb et de la Mauritanie. La CEDEAO a un rôle économique, avec notamment l'union monétaire, mais aussi un rôle de maintien de la paix dans une région instable. Elle aura un sacré boulot avec la Guinée Conakry, entre autres.

De retour à notre bivouac, nous rencontrons Gilles, un touriste carcassonnais voyageant sac à dos. Il nous a croisés à l'ambassade du Mali et Joseph lui a donné les coordonnées de notre parking d'hôtel. Gilles souhaite faire un bout de chemin avec nous et Annie lui propose de l'emmener au Mali. Je me méfie un peu d'elle depuis ses derniers propos… Mais le rendez-vous est pris pour demain matin 9 heures.

– On l'emmène, suggère Léo, on le dépouille et on le jette dans le désert.

– Très bonne idée mon Babou.

– Que vous êtes bêtes ! soupire Annie.

Nous passons donc une dernière nuit au Sénégal, plongeons une dernière fois et buvons une dernière bière.

Le Mali

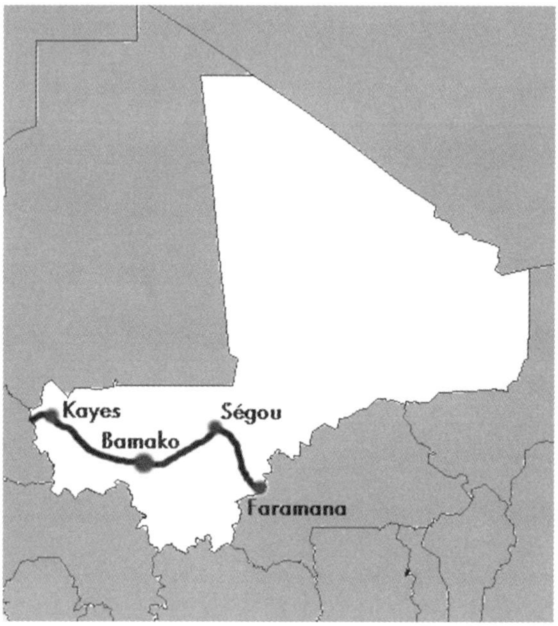

4

« Tu peux te faire effrayer dans la rivière
par un crocodile
mais ne laisse pas les poissons se moquer de toi. »
Sagesse malienne.

Gilles est au rendez-vous, là, planté devant l'hôtel qu'il avait choisi. Après quelques hésitations pour sortir de Tambacounda, nous trouvons la route de Kidira, la ville frontalière avec le Mali. Gilles, les lunettes sobres, la cinquantaine comme nous, le cheveu court et grisonnant, sort d'un revers électoral. Il a donc décidé de faire un break, alors quoi de mieux qu'un voyage sur les terres africaines ? Je me suis installé sur la grande dînette face à lui, Léo occupe la place du copilote. Oh ! Babou n'a pas un travail énorme à effectuer, il lui suffit de faire attention aux nids-de-poule, aux singes et aux vautours.

– Je trouve que les hôtels sont chers en Afrique, s'inquiète Gilles qui songe à son porte-monnaie. Il faut compter entre 10 et 15 euros pour une personne. À Tamba, j'ai payé 12 euros la nuit. C'est vrai, il y avait la clim mais je pensais trouver moins cher.

Voilà Kidira. Comme toute ville frontalière, elle bouillonne et vit du commerce entre le Mali et le Sénégal.

Voilà la frontière, et comme toutes les frontières, elle étale son cortège de camions. Annie s'arrête devant un panneau « Halte police ».

– Ce n'est pas là, c'est plus loin, nous indique un douanier.

La police se trouve au centre-ville à deux kilomètres d'ici. Les passeports sont tamponnés vite fait et bien fait. Retour à la douane. Quelques minutes plus tard, le camping-car roule sur le long pont qui enjambe le Falémé, un affluent du fleuve Sénégal.

Et voilà le Mali. À la sortie du pont, un grand hôtel flambant neuf semble attendre d'hypothétiques touristes. Après l'achat du passavant, Annie se faufile avec difficulté entre les poids lourds stationnés, et se présente à la police malienne. C'est la pause déjeuner et les fonctionnaires nous invitent à les rejoindre pour partager leur pitance. Nous refusons poliment. Un douanier se lève alors et tamponne chaque passeport.

Nous prenons la route, direction Kayes. Celle-ci aligne des trous profonds mais Annie les négocie parfaitement. Plus loin, un péage incongru. Kayes est à 80 kilomètres et nous voilà seuls au milieu d'une superbe savane. Nous longeons le fleuve Sénégal où les troupeaux de zébus et de chèvres surveillés par des enfants viennent s'abreuver. Selon Léo – il l'a lu quelque part – Kayes serait la ville la plus chaude d'Afrique. Il fait 40 degrés dans le camping-car quand nous y arrivons. Cela confirme les propos de mon fils.

– C'est la cocotte-minute de l'Afrique, appuie Gilles. Le sol est riche en minéraux, il conserve ainsi toute la chaleur.

Pour la glacière, il nous faut absolument de l'électricité. Nous installons le bivouac sur le parking du Centre d'accueil de jeunesse. Gilles y loue une chambre, il branchera la glacière. L'établissement abrite un bar avec sa terrasse et nous y consommons quelques bières. Les gigantesques enceintes installées à même le sol m'inquiètent. Eh oui, on aura de la musique jusqu'à 2 heures du matin ! Et la température ne descendra pas ! Gilles et Léo avaient raison, Kayes est une véritable cocotte-minute et nous prendrons plusieurs douches dans la soirée.

Selon les calculs de Léo, Bamako se trouve à 480 kilomètres de Kayes. Cela m'étonne même si mon fils est un fin mathématicien. Ensemble, nous refaisons l'addition pour trouver finalement 620 kilomètres. Nous serons donc obligés de faire une étape.

9 heures. Gilles est enfin prêt, nous pouvons partir. Pour sortir de cette cocotte-minute, un chauffeur de taxi nous met sur la bonne voie. Le paysage est vert avec ses minuscules champs de maïs, ses baobabs imposants et toujours ses longs troupeaux de zébus et de chèvres à la recherche d'un point d'eau. Entre les collines, des cases rondes au toit de chaume laissent deviner leur construction en briques de terre. Chaque concession possède ses petits greniers édifiés sur des tas de pierres pour éviter l'humidité pendant la saison des pluies. Nous sommes toujours seuls sur cette route, croisant de temps en temps un vieux camion surchargé qui oscille de manière balourde.

– J'ai vu très peu de touristes en Afrique, nous dit Gilles. Je ne comprends pas pourquoi.

– Il y a quelques années, les routards français allaient en Inde. Mais aujourd'hui, en raison de l'insécurité du Pakistan et de l'Iran, ils préfèrent visiter l'Amérique du Sud. L'Afrique est oubliée.

Pourtant, si on évite les zones à risques liés à Al-Qaïda et si on se protège des fichus moustiques, l'Afrique me semble moins violente, plus reposante et plus facile que l'Amérique du Sud. Tout est possible sur ce continent. Je trouve aussi les Africains sincères, on n'a pas envie de tricher avec eux. C'est mon ressenti.

– On mange ! suggère Léo.

Annie s'arrête à Sandaré où les commerces se déploient le long de la route. Gilles nous offre de délicieux sandwiches à la viande de chevreau grillée et une bouteille d'eau fraîche. Trois jeunes filles viennent courtiser notre fils. Elles mastiquent un morceau de bois qui leur sert de brosse à dents.

– Cela s'appelle un *siwak*, lui expliquent-elles. Ça rend les dents plus blanches. Regarde !

Timide, Léo s'enfonce dans la banquette de la grande dînette.

Après Sandaré, la route est belle, impeccable. Diéma, il est 14 heures. Annie se fatigue mais on ne trouve pas de bivouac convenable, alors elle poursuit sa route. 160 kilomètres plus loin, après la traversée de la vallée du serpent, Didjeni, une petite ville pas encore touchée par l'électricité. Un campement propose des chambres spartiates. Elles plaisent à Gilles alors nous passerons la nuit dans la cour. La glacière ne se réfrigérera pas mais, par chance, la nuit est fraîche.

Autour de nous, la famille d'accueil s'active pour le dîner. Assise sur un tabouret pas plus haut que ça, la mère orchestre une partition culinaire de main de maître. Ses trois filles sont à ses ordres. La plus jeune pile le mil, une autre maintient le feu sous les marmites, la dernière apporte les ingrédients souhaités par la cuisinière. Quand le poulet a suffisamment bouilli, le père le plume avant de le plonger dans l'autre marmite. Tout se déroule dans une parfaite harmonie, sans fausses notes et dans ce ballet mélodieux, une jeune Américaine nous accoste.

Depuis un an, Cathy travaille ici pour l'association Peace Corps – l'association favorise, selon leur slogan, la paix et l'amitié dans le monde – et elle va nous guider dans la ville. Elle parle le bambara, la langue la plus répandue au Mali. La jeune femme nous montre d'abord son lieu de travail, le centre de soins et d'accouchement, puis sa minuscule maison. Dans cette ville de 6 000 habitants, tout le monde la connaît. Elle nous mène aussi au seul bar de la ville, perdu là-bas, au bout d'une rue crasseuse. Un bar sordide où nous buvons une bière tiède puisqu'il n'y a pas l'électricité. Vu l'état des verres, nous préférons boire à la bouteille.

Ce soir, les lampes frontales sont bien utiles pour aller grignoter un morceau dans le petit restaurant conseillé par Cathy. Ça grouille de monde dans les rues obscures de Didjeni. Beaucoup de camions aussi. Autour d'une table basse, nous commandons des cuisses de poulet accompagnées de frites. Pas trop le choix. Des enfants loqueteux – je revois les talibés du Sénégal – tournent autour de nous malgré les réprimandes de la grosse *mamma.* Ils attendent. Patiemment. Ils attendent la fin du repas, un signe de notre part.

– Ils veulent les os du poulet, s'inquiète Annie.

Effectivement, un des enfants montre du doigt les restes du repas. Nous faisons un signe de la tête et comme des chiots affamés, ils se jettent sur les os pour les dévorer. Impressionnant !

– Le dimanche à Bamako c'est le jour de mariage…

Annie fredonne cette chanson d'Amadou et Mariam depuis notre départ de Didjeni et cela a le don d'énerver sérieusement notre Babou.

– Arrête Maman, cette chanson m'agace.

Située sur les rives du fleuve Niger dans une cuvette cernée de collines, la ville de Bamako n'est pas faite pour le voyageur amoureux des grands espaces. Bruyante, agitée, polluée, les avenues encombrées d'engins à deux roues motorisés – appelés « Jakarta » car fabriqués en Indonésie –, de 4 x 4 et de minibus verts. Non, vraiment, vous qui vénérez la nature, ne venez pas à Bamako. Et pourtant ! Pourtant, cette capitale bouillonnante nous plaît.

– Les djembés et les dununs résonnent partout…

– Arrête, Maman !

Une longue descente en épingle à cheveux nous mène au tumultueux centre-ville. Maintenant, il faut trouver le bivouac idéal. La mission catholique a l'air plutôt sympa mais le camping-car ne peut rentrer dans la cour. Nous laissons Gilles ici, il y sera très bien. Nos routes se croiseront-elles à nouveau ?

Nous poursuivons nos recherches, tournons en rond toute la matinée, en vain.

– Essayons l'autre côté du fleuve.

Annie suit mes conseils et s'engouffre sur l'un des deux ponts de la ville, le plus vieux, le pont des Martyrs, embouteillé à toute heure. Nous arrivons dans le quartier de Badalabougou. Là, des rabatteurs en Jakarta nous guident jusqu'à un hôtel tenu par un Belge. Pas de parking. Nous retournons au pied du pont, près du Palais de la culture. Des habitants nous indiquent une autre mission catholique, pas très loin d'ici. Elle pourrait nous accueillir. Super ! Léon-Paul, l'attentionné et élégant responsable de l'accueil, nous reçoit. Normal, c'est le responsable de l'accueil. Oui, nous pouvons nous installer sur le parking de la mission. Oui, nous pouvons nous brancher électriquement. Oui, il y a des douches, des toilettes et même une pièce pour cuisiner. Oui, c'est payant : 2 500 francs CFA par nuit, soit environ quatre euros.

– Si vous avez un problème, je suis là tout le temps sauf le dimanche.

– Merci Léon-Paul. On pense rester plusieurs jours.

– Vous pouvez ! Voilà ma carte.

Ce Léon-Paul est vraiment un homme distingué.

Nous sommes bien ici, à l'ombre et dans un quartier calme à l'exception du muezzin de la mosquée sise en face et de bruits sourds et répétitifs qui résonnent toute la journée comme si on enfonçait d'énormes clous à grands coups de masse.

Je pars en éclaireur explorer le quartier. Je repère un marché aux étals bien achalandés et surtout des ventilateurs. Je découvre aussi des restaurants en plein air qui proposent d'excellentes grillades et des femmes de tout âge qui vendent sur le trottoir des sandwiches et quelques plats à emporter. Tout près, un cybercafé fera le bonheur d'Annie et de Léo. Un peu plus loin, un petit supermarché avec ses produits occidentaux et un grand restaurant-pâtisserie, l'Almandine, sont fréquentés par des Blancs. Et enfin, encore plus loin, plusieurs bars nocturnes agglutinés dans une rue proche du fleuve Niger. Mais mon bar préféré se trouve à quelques encablures d'ici. Un minuscule établissement discret, aéré par deux ventilateurs antédiluviens accrochés à un plafond si bas que je dois constamment baisser la tête pour éviter d'être scalpé. Derrière le comptoir en béton, Adama est fier de voir un Blanc honorer son établissement. Je reviens au camping-car avec des beignets bien graisseux, une poche de frites de patates douces, trois boudins et la ferme intention d'acheter un ventilateur.

– *À Bamako le dimanche c'est le jour du mariage…*

– Arrête, Papa ! En plus, ce ne sont pas les bonnes paroles.

– C'est, reprend Annie, *Le dimanche à Bamako c'est le jour de mariage…*

– Arrêtez !

Je finis de me raser avec ces paroles enfermées dans la tête. Je ne souhaite pas gâcher la journée de mon fils. Ce matin, nous allons rendre visite au consulat de France pour glaner quelques infos sur la Guinée. Le bâtiment administratif se trouve de l'autre côté du pont des Martyrs recouvert comme d'habitude par les fumées des pots d'échappement. On n'aperçoit plus les collines avoisinantes. Véridique !

Nous voilà aux Affaires sociales du consulat. Une fonctionnaire courtoise nous met en contact avec le Consul. Ce dernier va se faire un malin plaisir de nous saper le moral. D'abord, il nous déconseille définitivement la Guinée.

– C'est la guerre là-bas ! dit-il.

La Côte d'Ivoire ? Pas question d'émettre le moindre souhait d'y aller.

– Les élections présidentielles se préparent et il y a des risques importants d'émeutes, dit-il.

Et… le Niger ? Trop dangereux !

– Al-Qaïda est partout, dit-il. Mais les terroristes sont aussi au nord du Mali, pas question d'aller à Tombouctou ni dans la région de Gao. Interdit, tout ça !

Et ce n'est pas fini. Au tour du Burkina Faso maintenant.

– Je vous demande de ne pas y aller avec votre fille, dit-il. Les coupeurs de route sévissent partout.

Il commence à m'énerver celui-là avec ses conseils. Et d'abord, c'est un garçon mon petit Léo. C'est vrai, il a les traits fins et les cheveux longs mais tout de même…

– Et pourquoi n'est-elle pas à l'école cette gamine ? dit-il.

Là, il commence à énerver la petite Annie.

– Vous ne vous rendez pas compte de tous les dangers encourus dans un voyage en Afrique de l'Ouest, dit-il.

– Pas plus qu'en Amérique du Sud.

Inutile de s'éterniser ici. Nous nous engouffrons dans le centre-ville, véritable kaléidoscope de rues trépidantes. D'un côté, on nous propose de changer quelques euros, de l'autre, on veut nous vendre des bijoux. Un jeune rasta ne nous lâche plus. Lui aussi devient vite fatigant et agressif. Le ton monte entre nous. « N'accepte pas de te faire marcher sur les pieds par le premier venu » dit une sagesse malienne. Nous décidons de retourner à notre quartier, en taxi cette fois-ci, pour un arrêt déjeuner à l'Almandine. Léo désire retrouver les sensations que procure la cuisine européenne et commande une pizza. Puis, sa maman l'emmène au cybercafé.

Mes filles adorées.
Depuis deux jours, nous sommes installés dans une mission catholique de Bamako. Internet est tout près, je pourrai vous avoir souvent…
Il fait de plus en plus chaud, je pense que Papa va craquer et acheter un ventilo. Léo ne bosse pas beaucoup, il devra rattraper son retard aux vacances de Noël.

Je vois que l'on ne s'ennuie pas à Tonnay : une petite fête vendredi soir avec les copains ! Cela va vous faire drôle quand on rentrera. Lola, tu préviendras tes profs, nous n'irons pas en Guinée. Ça va mal, là-bas.
Bises à toutes les deux et à Estelle. Maman.

Pendant ce temps, je retrouve le marché pittoresque avec son toit de chaume soutenu par des poteaux en bois et jette mon dévolu sur un ventilateur à pied que Léo baptisera Oscar. Facile, c'est le nom de la marque. Le prix, je ne le négocie pas, trop envie. J'achète aussi le maillot de la fédération malienne de football. Ce sera le troisième. Il plaira au fiston avec ses larges rayures jaunes et vertes et le nom de « Kanouté » écrit sur le dos, au-dessus du numéro 19. Kanouté est le joueur le plus en vue du Mali. Dans deux jours, nous aurons le plaisir de le voir jouer, je viens de me procurer deux billets pour le match Mali-Soudan. Mais, chut ! C'est une surprise…

Ce soir, le ventilateur est branché. Protégées par une grille, les palmes d'Oscar peuvent propulser à souhait l'air artificiel tant désiré. Grâce à sa tête pivotante, il peut rafraîchir tout l'intérieur du camping-car. Malheureusement, une panne de courant s'est longuement attardée cette nuit.

Nous nous éternisons à Bamako. Hier, je suis allé au consulat du Burkina Faso dans le nouveau quartier ACI 2000. Selon la représentante, le visa burkinabé peut se prendre à la frontière et elle m'a encouragé à rejoindre son pays par la route de Ségou, elle est en bon état. Moussa, le chauffeur de taxi, m'a ramené à la mission en empruntant le nouveau pont, le deuxième. Il porte le nom de son bailleur de fond : le pont du roi Fadh d'Arabie Saoudite. Par contre, les nouveaux quartiers et les grands hôtels sont financés par Kadhafi et cela dérange infiniment Moussa ! Il craint de voir son pays tomber sous le diktat libyen.

Aujourd'hui, je me décide à percer le mystère du bruit sourd et répétitif qui résonne à longueur de journée comme si on enfonçait d'énormes clous à grands coups de masse. Il provient d'une cabane de toile située dans une rue adjacente à la mission. À l'intérieur, quatre hommes assis à même le sol, les jambes écartées, martèlent, avec d'énormes maillets en bois, un tissu placé sur un billot lisse. Ils tapent, tapent, tapent jusqu'à ce que l'étoffe devienne lustrée, comme amidonnée. Ce tissu est appelé *bazin* et ces hommes sont des « repasseurs ». Je leur demande la permission de les filmer. Ils acceptent contre quelques pièces de 100 francs CFA. Cette étoffe est en coton pur et dur et le Mali se trouve être le premier producteur d'Afrique de cette fibre textile naturelle. Étonnamment, le *bazin* est fabriqué en Allemagne. Il n'existe pas d'usine au Mali, cela reviendrait trop cher.

Vincent, un jeune Français aux cheveux longs vient de louer une chambre à la mission. Il travaille pour Caritas, une association dont le projet Right to play a pour objectif de rassembler des jeunes pour pratiquer un sport et apprendre à vivre en paix. Vaste programme. Pour se déplacer dans Bamako, il vient de s'acheter une… Jakarta. Nous le laissons pour visiter le musée national.

Belle visite. En plus, il y a une exposition instructive sur le *bazin*. Cela tombe bien et confirme mes propos. Léo adore les musées contrairement à son père. En ville, nous retrouvons le jeune rasta importun de l'autre jour qui nous présente ses excuses.

– Tu sais, nous sommes nombreux à vendre des bijoux et il y a peu de touristes en cette saison. Alors, on insiste un peu.

– Je comprends, mais au lieu de les attirer, vous les faites plutôt fuir.

Pour revenir à la mission, nous choisissons cette fois-ci un *sotrama*, un minibus vert avec son rabatteur de chalands qui collecte en même temps l'argent des clients. À l'intérieur, les banquettes sont disposées en demi-cercle laissant de l'espace pour les jambes et pour les nombreux bagages volumineux.

Les douches extérieures sont fermées. C'est dimanche, jour de repos de Léon-Paul. Annie demande les clés au père Michel, un père blanc plutôt taciturne. Il ne nous a pas encore adressé la parole depuis notre arrivée. Annie revient avec les clés.

– Le père Michel est malentendant. Il a attrapé le palu, il y a 37 ans, a été soigné à la quinine et cela a provoqué sa surdité.

Je comprends mieux. Il est 17 heures, l'heure de se rendre au stade. Je hèle un taxi qui me demande 1 000 francs CFA. Nous sommes partis depuis vingt minutes et toujours pas de stade !

– Le match se déroule au stade du 26-Mars qui est à la sortie de la ville, nous raconte le chauffeur. C'est loin.

– Le stade ne se trouve-t-il pas au centre-ville ? On a acheté les billets là-bas.

– Non, non ! C'est l'ancien. On a construit le stade du 26-Mars pour la CAN. La Coupe d'Afrique des nations s'est déroulée chez nous.

– Ah bon, d'accord !

Nous arrivons enfin à ce fameux stade de 55 000 personnes et faisons la queue. Une longue queue de passionnés et de connaisseurs. Les gradins sont loin d'être pleins mais vont se remplir à la deuxième mi-temps puisque l'entrée sera gratuite. Des femmes circulent dans les traverses pour vendre biscuits, jus de fruits dans des sachets plastiques, œufs durs… Une soudaine averse occasionne un mouvement de foule assez impressionnant. Avec bravoure, je me lève aussitôt pour protéger mon fils mais les spectateurs nous rassurent.

– Non, non ! Ne vous inquiétez pas, c'est à cause de la pluie, nous lance un homme.

Dans une ambiance bon enfant, le Mali domine mais bute sur une défense soudanaise bien repliée. En ce début de rencontre, les Aigles maliens ne sont guère inspirés et en proie aux doutes. Les passes n'arrivent pas et le milieu de terrain semble totalement absent. Seul le capitaine Mahamadou Diarra assume ses responsabilités. À la 42e minute, Saaed Balla, l'arrière-droit des visiteurs se fait expulser après un deuxième carton jaune. Normal ! Cela devrait intensifier la domination de l'équipe malienne. Les Aigles, éliminés de la Coupe du Monde – dans ce groupe le Ghana se trouve déjà qualifié en terminant premier – ne doivent pas perdre cette partie s'ils veulent participer à la CAN. Dès la reprise, l'entraîneur malien fait entrer, enfin, un deuxième attaquant à la place d'un milieu de terrain. Les Aigles accentuent la pression et frappent deux fois sur la barre transversale. L'excellent gardien soudanais, Mustapha Hafez, fait des prouesses, engrange arrêts spectaculaires et arrêts faciles, jusqu'à la 90e minute.

– Dis Papa, tu crois que ça intéresse les lecteurs ?

– Mais oui !

Donc, à la 90e minute, Frédéric Oumar Kanouté s'infiltre dans la surface de réparation et d'un tir à bout portant, ouvre le score. Gooooooal ! Trente secondes plus tard, l'arbitre siffle la fin de la rencontre. Dans une ambiance indescriptible, il permet aux Aigles de remporter une courte mais précieuse victoire qui leur ouvre les portes de la CAN. Bravo le Mali mais ce fut laborieux. Mine de rien, j'ai eu le nez fin en offrant le maillot de Kanouté à Léo.

Maintenant, il nous faut trouver un taxi pour le retour parmi les milliers de supporters. Un homme nous alpague et demande 3 000 francs CFA pour nous ramener à Badalabougou – j'aime bien ce nom ! Bizarrement, c'est le seul taxi alors j'accepte. Tout le long du chemin, sur leur Jakarta ou à pied sur le bord d'une route peu éclairée, les Maliens clament leur joie et leur fierté. Pour clôturer cette belle soirée, le taxi nous dépose devant l'Almandine. Entre hommes et devant un verre, nous refaisons le match.

– On en verra d'autres ? me supplie Léo.

– Ben non, puisque cela n'intéresse pas les lecteurs.

Allons vite au lit, demain nous partons pour Ségou.

– Regarde Maman, c'est le stade où on était hier.

Nous avons quitté la mission depuis vingt minutes et salué chaleureusement Léon-Paul et le père Michel. Nous les avons prévenus, nous repasserons à Bamako donc à la mission. Quand ? On ne sait pas.

– Nous vous recevrons avec plaisir, avait répondu Léon-Paul.

Il est vraiment classe cet homme et quelle élégance !

La route possède encore et toujours de nombreux trous mais la faible circulation permet au camping-car de slalomer tranquillement. Les camions et les bus bondés, bien plus rapides que notre maison roulante, ont la courtoisie de nous prévenir lors de leur dépassement par un long coup de klaxon. Bientôt, une autoroute reliera Bamako à Ségou puis à Bobo-Dioulasso au Burkina Faso. Comme partout en Afrique, la Chine investit au Mali. Elle construira cette autoroute en échange d'un prêt préférentiel mis à la disposition du pays pour financer les travaux. En dehors des routes, les Chinois construisent des hôpitaux, des espaces socio-éducatifs pour les enfants et de promotion pour les femmes. Le troisième pont de Bamako aussi. Et la coopération est loin d'être finie.

Quelques formations rocheuses biscornues égaient la savane. Chaque village possède sa mosquée en banco et son arbre à palabres. Les cases sont maintenant carrées. Ancienne capitale du royaume bambara, la ville de Ségou s'étire, sans fin, le long du fleuve Niger. Rien à voir avec Bamako, l'actuelle capitale. À l'image du fleuve où glissent les pirogues, Ségou est reposante, faussement endormie. Les longues avenues se bordent de karités, de manguiers mais aussi de *balanzans*, ces arbres qui donnent de l'ombre seulement en saison sèche. Derrière eux, de belles résidences aux couleurs défraîchies témoignent d'un passé colonial.

La promenade, le long du fleuve, notamment à l'heure où le soleil finit sa course, invite à l'émotion et à la rêverie. Quelques femmes s'y lavent, d'autres finissent leur lessive. Le marché des potiers nous intéresse sans plus, nous les hommes.

Par contre, aujourd'hui lundi, c'est le jour du marché alimentaire et celui-ci nous plaît. À cette heure avancée de la journée, les vendeurs commencent à remballer. Certains partent déjà, soit en pirogue pour rejoindre leur village de l'autre côté de la rive, soit en charrette. Plusieurs femmes nous conseillent d'apprendre quelques mots de bambara. Elles ont raison… elles ont raison.

Retournons au camping-car. Il stationne sur le parking d'un complexe hôtelier. Ce soir nous faisons une partie de Mémoire 44 dans une chaleur étouffante. La tête pivotante d'Oscar ne pivote plus…

Départ matinal. Avant de prendre la direction du Burkina Faso, Annie souhaite visiter le village historique de Ségou Koro situé à neuf kilomètres de Ségou. Nous empruntons pour cela une piste en latérite étonnamment encombrée de petits bus, de camions, de motos, de vélos, de charrettes et de piétons. Il y a moins de monde sur le grand axe Bamako-Ségou ! Nous arrivons dans un village pittoresque mais personne ne nous comprend ni ne sait où se trouve le site avec ses trois mosquées et la tombe d'un des chefs de l'empire bambara. Tant pis !

Annie fait demi-tour, traverse Ségou puis Bla et prend implacablement la route du sud. Le paysage devient plus vert, avec de grands champs de maïs et de coton. Nous arrivons à la frontière et déjeunons dans une gargote d'un plat de brochettes accompagné de riz. L'estomac blindé, nous quittons temporairement le Mali pour arriver, selon notre consul préféré, au pays des dangereux coupeurs de route.

2008

Le Burkina Faso

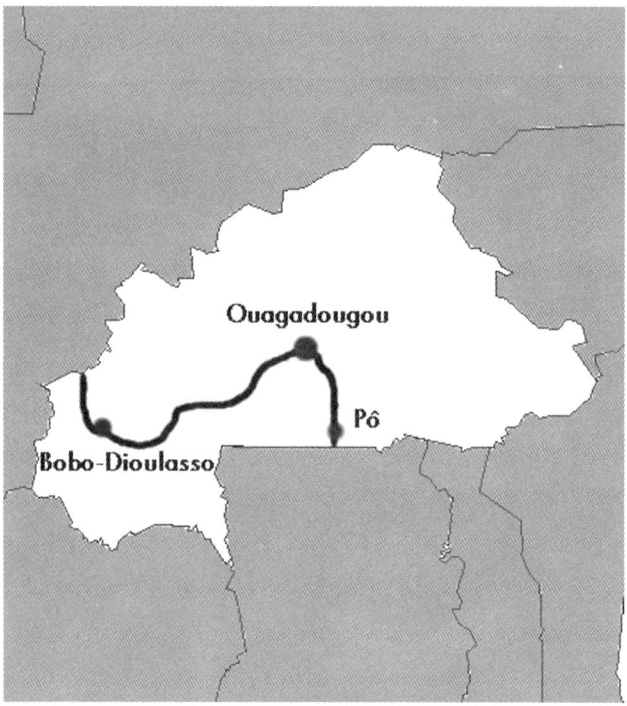

5

« Quelle que soit la laideur
d'une femme au teint clair,
sa cuisse est bonne à prendre. »
Sagesse burkinabée.

Une quinzaine de kilomètres sépare la police de la douane malienne. Puis, suivent les locaux de la police burkinabée. La salle est nue en dehors d'une petite table et de quelques chaises. Nous nous asseyons. Face à nous, un gradé s'amuse à voir Léo remplir pour la première fois une demande de visa. Visiblement, le fonctionnaire a le sens de l'humour.

– Si tu veux plaire aux filles, dit-il à Léo, il faut te couper les cheveux. Ici, les garçons ont les cheveux courts.

– Non, non ! lui répond Léo tout sourire. Ça va comme ça !

Comme à notre habitude, après un passage frontière, nous sirotons une bière sur la terrasse d'un café. Les bars sont plus nombreux de ce côté-ci de la frontière. Annie aperçoit des cochons déambulant autour des cases. Au Burkina, seulement 50 % de la population est musulmane. Ceci explique cela.

C'est évident, le Burkina Faso est pauvre. Errant parmi les véhicules humanitaires, les enfants quémandent des cadeaux sans trop insister. La végétation devient luxuriante, le riz jaillit du sol. Malgré un rendement plus faible que les rizières, la culture pluviale a l'avantage d'être moins dépendante de l'eau. Le ciel s'obscurcit, de lourds nuages apparaissent et un violent orage éclate. Annie ne voit plus rien. On ne devine plus les collines, le noir complet. La route, habituellement envahie par les charrettes tirées par des ânes et par les vélos – nous sommes maintenant dans le pays des deux-roues non motorisés –, se désemplit.

À l'approche de Bobo-Dioulasso, Léo prend ses responsabilités, le guide ouvert sur le plan de la ville. Une barrière nous stoppe. En échange d'un reçu, je règle 400 francs CFA à un homme plutôt robuste. Celui-ci soulève l'obstacle, la circulation devient libre.

– C'est ça les coupeurs de route ? nous demande le fiston. Je suis déçu !

Les fameux coupeurs de route tant décriés par le consul de France à Bamako sont la réincarnation des bandits de grand chemin. Armés de machettes ou de fusils, ils détroussent les voyageurs imprudents. Mais ici, ce n'est qu'un péage routier.

La boue recouvre le sol, les rues, défigurées par l'assaut des pluies, s'améliorent aux abords du centre-ville. Dans son rôle de copilote, Léo est magnifique. Il nous déniche une petite auberge vraiment sympa même si nous sommes un peu à l'étroit.

Moussou nous accueille. Le jeune gérant est hyper dynamique. Profitant d'une accalmie, nous nous attablons dans la cour et je lui propose un verre. Moussou travaille avec sa femme et trois autres employés. Il possède cette auberge depuis peu et en espère beaucoup.

– Le Burkina est pauvre, raconte notre hôte. Mais Bobo est une ville touristique même si aujourd'hui, ce n'est pas encore la bonne saison.

En effet, l'auberge est vide. Moussou accepte une deuxième bière. Il aime parler de son pays, croit en son avenir mais n'oublie pas le passé pour autant.

– Thomas Sankara était le plus grand président de l'Afrique. Le président des pauvres. D'ailleurs, il avait une Renault 5 comme voiture de fonction.

– Une Renault 5 ? s'étonne Léo.

– À l'époque de la colonisation, le pays se nommait Haute-Volta. Sankara l'a appelé Burkina Faso qui signifie « le pays des hommes intègres ».

Ce n'est évidemment pas le seul changement que le Che Guevara africain a réalisé pendant ses quatre années de présidence. Le révolutionnaire anti-impérialiste a lutté contre la corruption, créé des écoles et des hôpitaux, mené des campagnes massives de vaccination, mis en place des aides au logement, redistribué les terres aux paysans et pris de grandes mesures pour la libération de la femme en interdisant notamment l'excision. Alors, forcément, il est encore apprécié dans son pays.

– Malheureusement, poursuit Moussou, Sankara fut assassiné le 15 octobre 1987.

Il fut tué lors d'un coup d'État orchestré par Blaise Compaoré, son « frère ». La France est soupçonnée d'avoir joué un rôle. Depuis, Compaoré se trouve toujours à la tête du pays.

Nous buvons vite une dernière bière car les nuages s'amoncellent à nouveau, poussés par de grands coups de vent. Des éclairs illuminent la ville, l'orage gronde, l'orage menace, l'orage éclate enfin.

Pas eu besoin d'Oscar cette nuit. Il a fait moins de 25 degrés. Annie se demande comment va se transformer la ville avec toute la pluie qui est tombée. Devant l'auberge, la rue est gorgée d'eau, boueuse. Annie enfile un pantalon et délaisse ses tongs pour chausser une paire de tennis. Elle se prépare à une longue journée de marche.

Après un copieux petit déjeuner composé de thé pour notre fils et de café pour les parents, de tranches de pain grillées à la poêle puis tartinées de beurre et d'une légère couche de confiture, nous partons et suivons une rue arborée jusqu'à la Sûreté. Là, un officier nous reçoit.

– Nous ne faisons plus le visa de l'Entente, explique notre interlocuteur. Vous devez vous rendre à Ouaga.

– Tant pis ! lui répond Annie. Mais est-il valable pour le Ghana ?

– Non. Par contre, si vous entrez dans ce pays, le visa de l'Entente devient caduc.

Il est uniquement valable dans les pays de la CEDEAO. Cela évite de prendre un visa à chacun de ses pays membres. Nous n'avons pu l'obtenir ni au Sénégal ni au Mali.

Le centre-ville est agréable. À cette heure matinale, les terrasses de bar se remplissent lentement, la musique devient plus forte. Se faufilant entre les tables, les vendeurs à la sauvette proposent des lunettes loupes, des lunettes de soleil, des cigarettes, des serviettes de bain, des caleçons ou des billets de tombola. Les cireurs de chaussures s'activent.

Je souhaite commander une bière et demande conseil au patron.

– Prenez une bière brune, me répond-il. Elle protège du paludisme.

– Ah !

– Oui, si vous en buvez régulièrement.

– Je ne vais pas avoir de mal à suivre vos conseils.

Annie et Léo sont entrés dans un Internet café pour relever les e-mails dont celui des filles.

Salut les Africains !
Êtes-vous arrivés au Burkina Faso ? Ici, on aime bien le nom de la capitale : Ouagadougou.
Nous répondons à vos derniers e-mails. Pour les courses, c'est Tata qui nous emmène au supermarché. On n'oublie pas le ménage, on n'a pas de problème avec la machine à laver et le chauffage

marche bien. Donc, vous pouvez continuer votre voyage et ne revenez que dans un an si vous voulez !
Bises. Loulou, Lola et Estelle.

Mes deux amours sont de retour. Léo programme un itinéraire intéressant. D'abord, il souhaite aller au musée provincial du Houet. On y trouve quelques masques, des statues et des huttes traditionnelles. Notre fils écoute avec attention Aurélien, un guide bénévole, nous conter des histoires burkinabées. Puis, il nous emmène à l'Alliance française où une vente de livres d'occasion est organisée. Il en choisit six. Nous voilà maintenant devant une magnifique mosquée au minaret en forme de pain de sucre, le tout est construit en banco. Des pieux en bois soutiennent la structure et servent d'échafaudage pour les éventuels travaux de réfection. La visite est interdite aux non-musulmans depuis qu'un certain rallye automobile est passé à Bobo-Dioulasso. Des participants avaient pénétré de manière indécente dans l'enceinte religieuse avec leurs chaussures et sans respecter les lieux. Sankara était certainement dans le vrai lorsqu'il a refusé le passage de la course dans son pays. En plus, les profits ne revenaient qu'aux organisateurs.

En face de l'édifice, un baby-foot peint en jaune, vert et rouge nous tend ses barres.

– On fait une partie, Léo ?

– Ouais !

Des jeunes s'agglutinent autour de la table et je propose à deux garçons de faire équipe contre nous. C'est la déroute, une catastrophe. Léo rate tout, n'inscrit aucun but. Malgré mes formidables arrêts, je ne peux contenir les assauts d'Hamidou et de Sangoulé. La seconde partie est de la même trempe. Non, décidément, Léo ne marquera pas. Seconde partie, seconde humiliation. Les spectateurs se moquent ouvertement de nous. Annie aussi.

– On vous attend chez nous pour la revanche !

– Pas de problème, souligne Hamidou, si nous avons le visa…

Après toutes ces émotions, nous nous abreuvons sur une esplanade installée devant la gare. Une jolie gare dont les Bobolais sont fiers. La plus belle de toute l'Afrique selon un marchand de peau de zébu grillée. Annie lui achète deux poches, cela devrait bien accompagner la bière. En effet, c'est délicieux.

Sur la route du retour, Léo remarque des dizaines de maillots de football accrochés aux branches d'un manguier. Il ne pouvait pas les manquer. Le maillot jaune avec une bande diagonale lui va à merveille. C'est son quatrième.

Cette nuit, pas d'orage, mais une pluie douce tombe par intermittence.

Au fait, l'année de la profanation de la mosquée lors du rallye automobile, un Burkinabé a trouvé la mort, écrasé, pulvérisé par un véhicule de ce même Paris-Dakar. Sankara avait vraiment raison !

À cause d'un fichu arbre planté au milieu de la cour, Annie éprouve de la difficulté à quitter l'auberge. En marche arrière, en marche avant, ça ne passe pas. Finalement, grâce à ma technique affirmée, elle arrive enfin à sortir du piège en blessant l'arbre à coups de capucine.

Nous laissons Bobo-Dioulasso pour Ouagadougou. J'aime bien ce nom, Ouagadougou. Léo porte son T-shirt rouge avec le portrait du Che imprimé devant. Cela aurait plu à Sankara. Une bonne partie de la route a été refaite par l'Union européenne. C'est surprenant d'apercevoir dans les villes traversées, des parkings bien organisés et des passages piétons. Le camping-car traverse le Mouhoun, la Volta Noire, puis le Nazinon, la Volta Rouge. Il y a un mois, le pays a connu de terribles inondations et les champs imbibés d'eau nous le rappellent. On réussit à capter RFI. Le sujet de l'émission traite du trafic de faux médicaments en Afrique de l'Ouest. Vaste sujet…

La circulation est fluide. Pas de voitures, quelques camions surchargés, des bus bondés et des bicyclettes, encore et toujours des bicyclettes.

Ouagadougou. Ouaga pour les intimes.

– Moi aussi j'aime bien ce nom, déclare Léo.

Dès notre arrivée, la capitale nous montre un visage aéré, paisible et propre malgré les dégâts causés par les pluies diluviennes de septembre. Plusieurs ponts ont été emportés et des quartiers entiers engloutis. Des milliers de toiles de tente sont installées sur des terrains réquisitionnés. La vie continue malgré tout. Sur les grands axes, les vélos bénéficient d'une piste cyclable et c'est assez rare dans ce continent pour être signalé.

Grâce à un forum de voyageurs, Annie a dégoté une auberge où le bivouac est autorisé sur un terrain ombragé. L'OK Inn se trouve au sud de la ville. Pour le rejoindre, Annie traverse un large parking saturé de camions. Puis, c'est le paradis. Parc boisé, piscine, bar... En contrepartie de la mise à disposition d'une place, nous devons consommer une boisson par jour. Seul un bus 4 x 4 anglais, de l'agence Dragoman, est installé sur le terrain. Il transporte des touristes dans un circuit organisé.

– Tu achèteras une rallonge électrique, me demande Annie. La prise est trop loin.

– Je vais voir ça au marché en face, puis j'irai au petit supermarché.

Je traverse le parking pour camions puis l'avenue et trouve aussitôt mon bonheur dans une charrette à bras surchargée de matériel électrique. Une rallonge de 10 mètres fera l'affaire. Je paie mon dû au marchand et pars pour le supermarché.

Celui-ci est tenu par des Libanais. Arrivés en Afrique de l'Ouest dès la fin du XIXe siècle, les Libanais, commerçants dans l'âme, possèdent la plupart des supermarchés. C'est encore le cas ici. Je refais le stock de féculents : riz, lentilles, pâtes mais aussi des galettes de blé et une bouteille de pastis pour 1,50 €. Je trouverai les fruits, les légumes et la viande plus loin dans la rue.

Annie a récupéré des glaçons au bar de l'OK Inn. Les deux organisateurs anglais n'ont pas le temps de prendre un verre avec nous. C'est bizarre, on croise de plus en plus de voyageurs qui n'ont le temps de rien sinon de mettre à jour leur site Internet. Pas grave !

Nous allons rester plusieurs jours dans la capitale au nom si doux.

– J'adore ce nom, nous lance Annie.

Ouagadougou est une ville étendue. Les quartiers étant éloignés les uns des autres, nous devons prendre un taxi vert pour rejoindre le centre-ville. Avec notre accord, Seydou, le chauffeur, prend d'autres passagers. Il est heureux aujourd'hui. Son outil de travail, sa voiture, est passé au contrôle technique avec succès, il peut donc poursuivre son activité en toute quiétude. Seydou nous dépose devant le consulat du Ghana. Le visa sera prêt lundi.

Nous sommes surpris de voir une capitale moderne avec des quartiers neufs aux larges avenues dont le symbole est Ouaga 2000. Située à une dizaine de kilomètres du centre-ville, cette zone luxueuse abrite le palais présidentiel, de grandioses villas dissimulées derrière de longs murs, un hôtel haut de gamme, un centre commercial, des ministères, des ambassades et un monument dont la forme rappelle celle de la tour Eiffel. Les Ouagalais sont partagés devant tant d'exubérance. Comme je l'ai déjà dit, le pays est l'un des plus pauvres du monde, alors certains s'indignent. Les autres y voient une source d'emplois et pensent que Ouaga 2000 donne une image dynamique de la ville. Aux alentours, des pâtés de maisons sont complètement rasés. Devenus des terrains vagues, ces emplacements attendent les bétonnières et les ouvriers – et sûrement des yuans – pour édifier des immeubles. Cela risque de changer la physionomie d'une cité aux maisons basses.

Heureusement, le centre-ville reste animé. Ici, les vendeurs ambulants ont investi les trottoirs. Des milliers de jeunes tentent de survivre de ces petits commerces. Les garçons sillonnent les rues quadrillées de la ville parcourant plusieurs dizaines de kilomètres dans la journée pour proposer leurs marchandises. Peu de filles arpentent le macadam urbain et les rares commerçantes proposent des œufs durs, des bananes grillées ou des poches de cacahuètes transportés sur des plateaux posés sur leur tête.

Si à midi nous avons déjeuné dans un *maquis* – petits restaurants de plein air qui, pendant les années « coups d'État », étaient des lieux cachés où l'on pouvait consommer discrètement – ce soir je m'approvisionne dans la rue, ma boîte plastique sous le bras. Avec ma lampe frontale, je peux voir les plats mijoter sur les braises de charbon de bois. La dégustation d'un plat commence par la vue, n'est-ce pas ? Je décide de prendre du riz blanc avec une sauce rouge dans laquelle trempent des lamelles d'oignons. Plus loin, je choisis des brochettes de mouton que le cuisinier enveloppe dans du papier d'emballage de ciment en rajoutant de la poudre pimentée. J'adore cette épice. Tout cela devrait plaire à ma petite famille.

– Très bon ! me félicite Léo. On va regarder le match à la télé ?

La finale de la Coupe du Monde des moins de 20 ans oppose le Ghana et le Brésil. Alors, assurément, le personnel de l'OK Inn est tout excité. Il règne une ambiance formidable dans le bar cossu de l'auberge. Elle touche à son paroxysme lorsque le Ghana remporte aux penalties cette mémorable finale. Les serveurs, les barmans, les cuisiniers, enfin tout le personnel se retrouvent subitement au paradis.

– Quand serons-nous au Ghana ? demande Léo.

– Dans trois ou quatre jours.

– Ils doivent faire la fête là-bas, poursuit mon fils, j'ai hâte d'y être. Ouaga m'a un petit peu déçu.

C'est vrai, il n'a pas eu de chance notre Babou. Il voulait visiter le musée de la Musique mais il était fermé pour rénovation. Puis, une longue marche de neuf kilomètres sur un boulevard sans fin, le boulevard Charles-de-Gaulle, l'a emmené au Musée national où sont exposés seulement une dizaine de costumes traditionnels dans un petit pavillon.

– On prend un taxi pour rentrer ! nous a-t-il menacés.

Pourtant, l'employée du musée nous a raconté l'histoire intéressante du roi des Mossi, l'ethnie majoritaire du Burkina Faso. Consulté régulièrement par le gouvernement, le Moro-Naba reste un monarque influent et la cérémonie du vendredi matin vaut le déplacement. Le roi donne audience et règle les conflits. Mais cela passionne peu Léo. Alors, le match de ce soir l'a réconcilié avec Ouagadougou.

Ce matin, ils étaient trois muezzins à appeler en chœur les fidèles à la prière. Les chants étaient magnifiques. Nous profitons de la visite du « village artisanal », une coopérative gérée par le gouvernement, pour acheter des bracelets, des tentures, des objets en bois... qui seront distribués aux membres de nos familles.

Finalement, j'apprécie le quartier où se trouve le bivouac. Léo arbore son maillot burkinabé et m'accompagne pour une flânerie sur le boulevard des Tensoba. On s'installe sur la large terrasse d'un café composée de vieilles tables et de chaises en fer. Dans ces bars colorés, les femmes côtoient les hommes. Léo est à l'aise, il se sent bien en Afrique. Et quand il faut rembarrer un rabatteur un peu trop collant, il le fait sans complexe comme il vient de le faire avec un artisan... malien.

Devant nous, deux jeunes bouchers s'activent autour de la cuisson de chevreaux entiers. À côté, sur la route surélevée, un camion nous amuse. Il transporte des centaines de poulets accrochés sur ses flancs. Entre les bars, des magasins de vélos. Vélos neufs ou d'occasion. Et des réparateurs de motos. Mais aussi des baby-foot, plus ou moins abîmés. Non ! Léo ne veut pas jouer. Pas question de se faire remarquer, une humiliation suffit comme ça.

Et puis, il y a ces minuscules cahutes métalliques avec ces trois lettres peintes en blanc : PMU. Les Burkinabés aiment regarder les courses françaises et parier sur les mammifères ongulés. Toutes les couches de la société espèrent décrocher le gros lot pour réaliser leurs rêves. J'achète des cacahuètes et deux œufs à une jeune fille. Léo se jette sur les graines d'arachide.

De retour au camping-car, il se met à bûcher ses mathématiques. Plus précisément les pourcentages. J'essaie de lui expliquer la TVA, les hors taxes, mais rien n'y fait. Ma méthode est incompréhensible pour lui. Annie le souligne souvent, je ne suis pas un bon pédagogue.

À l'approche des bus, les cyclistes doivent se jeter sur les bas-côtés de la route. Leur vitesse excessive sème le désordre à la périphérie de Ouagadougou. Nous avançons vers la frontière ghanéenne. Le camping-car traverse le parc national de Tambi-Kaboré. Léo ouvre grands les yeux et surveille le côté gauche de la route. Moi, le côté droit. Mais aucun animal ne se présentera sinon quelques gendarmes lourdement armés et campés aux intersections. Sont-ils là pour sécuriser la voie carrossable contre les coupeurs de route ? Nous traversons Pô et arrivons à la frontière. C'est le dernier jour de notre visa.

– Papa, tu as oublié de parler de la sagesse burkinabée.

– Je ne savais pas où l'intégrer mais cela signifie : « Certains hommes se laissent séduire par des femmes à la peau claire, même si celles-ci présentent un physique moins attirant. Eh oui, il y a encore des hommes en Afrique qui préfèrent ces femmes à nos belles d'ébène. Tant pis pour eux ! »

– Tu aurais pu l'insérer quand Maman parlait à l'officier de la Sûreté à Bobo.

Le Ghana

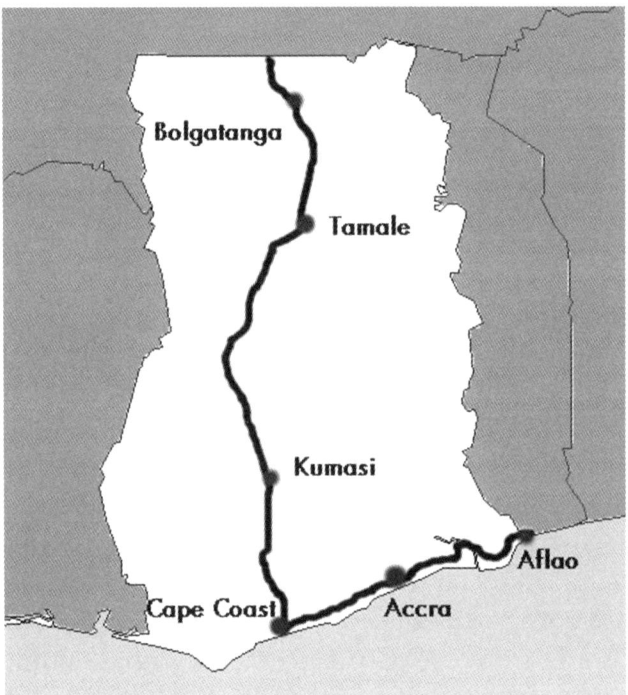

6

« On peut détester les chiens mais
on ne peut pas renier la blancheur de ses dents. »
Sagesse ghanéenne.

Si, depuis le départ, les passages frontières se sont déroulés rapidement et dans la gaieté, celui du Ghana va être l'exception qui confirme la règle. D'abord, on parle uniquement anglais ici, une sorte de verrue linguistique sur le visage francophone. Puis, ces fanatiques de la langue de Shakespeare ne délivrent aucun passavant contrairement à leurs pays voisins. Nous devons présenter le carnet de passage en douanes, un document délivré par l'Automobile club. Pour l'obtenir, il est nécessaire de déposer une caution égale à la valeur vénale du véhicule. Nous aurions dû le faire avant de partir, il n'en était pas question. Alors, nous parlementons avec les douaniers et les policiers. Nous parlementons pendant une heure et, la gorge sèche, nous finissons par acheter des petits sachets en plastique de 25 cl d'eau fraîche. Mais le Ghana refuse toujours d'ouvrir ses portes au camping-car.

Une seule solution s'impose : contacter un transitaire, la seule personne habilitée à délivrer le document officiel qui permettra de voyager dans ce pays avec notre maison roulante. Les services douaniers n'ont pas cette prérogative, nous dit-on, et cela me laisse perplexe. Seul un individu détenant ce pouvoir se trouve sur les lieux. Il nous demande 120 euros pour un simple papier. Une âpre négociation s'engage alors entre un homme insupportable en position de force et une petite famille en vadrouille qui réalisera un miracle en faisant descendre le prix jusqu'à 60 euros.

Maintenant, nous devons attendre deux heures de plus. Une coupure d'électricité paralyse Paga, la ville frontalière. Selon les habitants, c'est assez courant dans le nord du pays. Plutôt embêtant ici, car les services possèdent de nombreux ordinateurs. Patiente, Annie récupère enfin le précieux document. Nous pouvons partir.

La route est belle, bordée d'arbres vérolés, peut-être des fromagers ?

– On a oublié de demander s'il fallait rouler à gauche, remarque Léo.

– Il me semble qu'on roule à droite, dit Annie. Tu as vu, la plupart des maisons sont construites en brique.

Recouvertes d'une tôle brillante, elles sont peintes aux couleurs des opérateurs téléphoniques. Des villages entiers aux façades jaunes pour MTN, rouges pour Vodafone et vertes pour Tigo. Même les cases sont badigeonnées.

Après une quarantaine de kilomètres, nous décidons de bivouaquer à Bolgatanga. Dotée de qualités linguistiques avérées et encouragée par ses hommes, Annie se renseigne auprès du pasteur de l'église protestante.

– Il ne veut pas prendre le risque de nous accueillir, nous raconte Annie de retour de ses investigations. Il nous conseille d'aller voir la police.

On y va. Le chef de la brigade, bien en chair, nous donne son accord. On peut s'installer devant ses locaux et se brancher électriquement. Bien entendu, les prises sont anglaises mais nous avons un adaptateur universel. Nous voilà placés, l'orage peut éclater. Pendant une demi-heure, une pluie extraordinaire va balayer Bolgatanga et je me demande si les coupures d'électricité ne proviendraient pas de notre rallonge car elle prend l'eau de toute part et le grand bâtiment face à nous reste éclairé, lui.

Une bonne partie de la nuit, le *highlife* provenant d'un bar situé sur le bord de la route nous a empêchés de trouver un sommeil réparateur. C'est une musique traditionnelle, née ici, urbanisée et modernisée par des guitares électriques. Puis, vers 3 heures, environ, des chants d'enfants ont pris le relais. Mais pourquoi ne dorment-ils pas ?

Malgré cette nuit quelque peu bruyante, nous nous levons à 6 heures. Des policiers regardent avec curiosité par les fenêtres du camping-car en nous lançant des « *hello !* » de bienvenue. Annie leur propose un café mais bute sur un refus courtois. Nous les saluons, récupérons la rallonge et partons.

L'agréable fraîcheur matinale se dissipe pour laisser place à une moiteur de plus en plus insoutenable. Dans ce climat tropical, le taux d'humidité peut atteindre aisément les 100 % et je le supporte très mal.

La route est correcte avec, de temps en temps, de gros nids-de-poule bien appréhendés par notre professionnelle de la conduite. Un premier contrôle policier nous le confirme : le document douanier au coût exorbitant est obligatoire pour circuler au Ghana. Annie s'étonne devant les yeux rouges de certains jeunes agents excités mais la présence d'une femme en uniforme dissipe ses craintes.

Beaucoup d'enfants longent le bord de la route pour rejoindre leur école respective. Nous sommes bien dans un pays anglo-saxon. Les garçons portent les mêmes chemisettes, les filles, les mêmes jupes bleues, orange ou jaunes selon l'établissement. Tous les enfants, ceux du sexe féminin aussi, ont les cheveux ras.

– Je ne sais pas si cela te plairait mon Léo ?

– Complètement nul ! Et ils ont les mêmes vêtements.

– C’est, lui explique sa maman, pour ne faire aucune différence entre les riches et les pauvres. Et à mon avis, les cheveux courts c’est pour l’hygiène.

Plus tard, devenues adultes, les filles auront les cheveux raides comme une bière fortement alcoolisée ou entrelacés pour former des nattes. À notre passage, les écoliers nous saluent de la main en lançant gaiement des « *obroni, obroni* » qui semblent avoir la même signification que les « *toubab, toubab* » des enfants des pays francophones. Ces termes désignent les Blancs.

Si les maisons peintes de manière absurde aux couleurs des opérateurs téléphoniques nous ont surpris, la quantité industrielle d’églises catholiques, protestantes ou pentecôtistes implantées dans ce pays est aussi singulière. Sur une vingtaine de kilomètres, aidé par mon fils, j’ai inscrit dans mon petit calepin rouge ces quelques noms : *World Miracle Church, Zion Church, New Life Community, Bible Church of Africa, Adventist Church, Seventh Day Adventist, Congregation of God, Global Evengelical Church, Pentecost Church, New Apostolic Church, Apostolic Church of Christ, The Twelve Apostles Church, St Antoine Catholic Church…* et tellement d’autres encore que cela devient absurde de les noter. 70 % des Ghanéens sont chrétiens.

Nous traversons la Volta. Rouge ou Blanche, je n’arrive pas à me mettre d’accord avec Léo. Il opte pour la Volta Blanche. Moi, pour la Rouge. En fait, j’ai raison. Un peu têtu notre Babou. La Blanche, le camping-car l’enjambera plus loin.

Si les enfants sont bien habillés pour aller à l’école, en rase campagne, les parents semblent souffrir de la précarité. Leurs tenues misérables l’attestent. Pourtant, le Ghana, par ses structures, donne une impression de modernité.

Nous arrivons à Tamale sous une pluie si fine que l’idée d’actionner les essuie-glaces effleure à peine l’esprit d’Annie. La ville est recouverte de drapeaux aux couleurs… des opérateurs téléphoniques. Une pension nous demande 2,50 €

pour la nuit, électricité comprise quand il n'y a pas de coupure. 300 000 habitants peuplent Tamale, une agglomération toute en longueur où résident quelques musulmans.

En déambulant dans les rues de la ville, nous passons devant une église pentecôtiste, rien d'anormal, puis devant une grande mosquée en travaux. Il existe aussi des mosquées plus sommaires. Celle-là amuse Léo. Elle est constituée d'une unique rangée de parpaings avec son mihrab indiquant la direction de La Mecque et plusieurs tapis jonchent le sol cimenté. Peu onéreux mais problématique quand il pleut. À l'approche du centre-ville, les rues s'enflamment, la foule se mélange aux poules et aux coqs. Dans une banque, je change quelques euros, nous pouvons dîner.

Le Ghana est vraiment un pays anglo-saxon. Peu de choses nous séduisent dans les propositions des gargotes. Annie achète du riz cuit, du chou râpé et des œufs durs à Efia, une femme rondelette et souriante. Ça a le mérite d'être copieux. Et du piment. C'est bon le piment, il aide l'estomac à assimiler le riz. Même Léo apprécie à petite dose. Il est d'accord pour s'arrêter dans un bar.

Ils sont chouettes les bars au Ghana. Leurs larges cours ombragées sont entourées d'une palissade en bois le plus souvent peinte de bleu et de jaune, couleurs de la bière locale : la Star. Au fond, deux énormes enceintes attendent la tombée de la nuit pour cracher leurs décibels. Le breuvage fermenté, assez bon ma foi, est servi par de jeunes femmes pulpeuses à la poitrine généreuse et aux cheveux raides comme l'ascension du mont Ventoux. Assise derrière sa caisse, la patronne possède des hanches bien rondes symptomatiques d'un certain niveau de vie.

– Avez-vous remarqué les marques sur le visage des personnes ? nous demande Annie.

– Non, lui répond Léo.

– Mais si, regarde la serveuse ! Ce sont des scarifications.

– Ah bon !

Pour montrer leur appartenance à une ethnie ou à un clan, les femmes et les hommes se tailladent le visage. Une pratique de moins en moins suivie par les jeunes.

Toujours pas d'électricité ce soir. Oscar ne tournera pas.

Nous poursuivons notre descente du pays. Jusqu'à Kintampo, la route est praticable. Le camping-car franchit à nouveau la Volta Blanche puis la Volta Noire. Je résume pour les inattentifs. Au Burkina Faso, nous avons traversé la Volta Noire puis la Volta Rouge. Depuis notre entrée au Ghana, nous avons survolé la Volta Rouge puis Blanche. Aujourd'hui, c'est la Volta Blanche et ensuite la Noire qui ont vu le camping-car passer au-dessus d'elles. Entre Balgatanga et Tamale, la Volta Noire s'est jetée dans les bras de la Blanche. À ce niveau-là du récit, il reste deux Volta : la Noire appelée Mouhoun et la Blanche, Nakambé. Elles se rejoignent en un confluent submergé par le lac Volta, le lac artificiel le plus grand du monde. Le fleuve Volta débute après le barrage d'Akosombo pour se jeter librement dans le golfe de Guinée. C'est simple ! Léo a décroché, sa maman n'écoute plus. Je les préviens, je ne me lancerai pas dans une nouvelle démonstration.

Revenons à l'état de la route. En raison des travaux de réfection et d'une pluie persistante, il devient catastrophique pendant 60 kilomètres. Le camping-car ne peut adhérer au sol dans cette épaisse gadoue et avec les multiples dos-d'âne et ralentisseurs, les traversées des villes et des villages sont franchement éprouvantes.

Des collines apparaissent pouvant atteindre 700 mètres. Des collines couvertes d'une forêt dense. Nous sommes au cœur de l'ancien royaume ashanti avec Kumasi pour capitale. Le peuple ashanti, puissant et dominateur, a régné sur la plupart des royaumes du Ghana. Aujourd'hui, il est toujours représenté par un roi, l'*asantehene*, un homme aussi influent que le président de la République.

Il est 15 heures quand nous atteignons Kumasi, une ville d'un million d'habitants, voire plus. Je ne les ai pas comptés. Ça grouille de monde et cela devient un enfer quand nous nous empêtrons dans les embouteillages du centre-ville. Le camping-car surnage parmi les milliers de taxis et de minibus verts appelés ici des *tro-tro*. On n'avance plus. Ils arrivent par la droite, par la gauche, de partout. Inutile de le préciser, le moteur est en surchauffe. Au contact du capot, la pluie s'évapore immédiatement. Et nous voilà perdus. Heureusement, j'ai le temps d'interpeller les chauffeurs de *tro-tro* qui, malgré le bruit confus et tumultueux de la circulation, nous renseignent avec précision. Au bout d'une heure, Annie s'engage dans une rue plus aérée pour s'éloigner de ce capharnaüm urbain.

Avec l'aide des habitants, nous arrivons à bon port : la pension presbytérienne. Grand parc vert, boisé, tranquille et proche du *downtown*. John le gérant, un gaillard élancé, prend en charge la glacière et la branche dans sa chambre.

La fatigue a envahi Annie lui ôtant toute envie de cuisiner. Alors, ce soir, nous dînons dans un boui-boui d'un plat de riz poulet. Les morceaux de viande sont maigrichons, le poulet est cher au Ghana. Annie commande une grande bière. Cette boisson a le pouvoir de détendre, calmer et diminuer la tension nerveuse. Après une journée de conduite comme celle-ci, elle le mérite, la petite Annie.

Il est fantastique, démesuré, un véritable chaudron prêt à exploser. Nous l'apercevons déjà du haut de la passerelle qui enjambe les voies ferrées. De là, je prends deux ou trois photos, cela déplaît à deux jeunes gens qui me demandent, en vain, une gratification. Les tôles du marché Kejetia, une mer de plaques rouillées, ont les allures d'un immense bidonville. John nous l'avait précisé ce matin : « C'est le plus grand marché d'Afrique. »

À l'intérieur, nous devons jouer des coudes dans les allées submergées de marchandises, de sandales, de vêtements, de sacs à main, d'objets en plastique, de maillots de football – Léo choisit le cinquième du voyage – et de bien d'autres fournitures de la vie courante. Annie se sent mal à l'aise dans cet enchevêtrement d'étals et doit être attentive aux vieux rails de chemin de fer laissés sur place, à l'abandon.

La partie alimentaire est encore plus compliquée avec les livreurs tirant des charrettes à bras chargées de sacs. Une collision se produit devant nous. C'est le grand bazar. Quand nous faisons trois pas en avant, nous reculons de deux. Annie et Léo préfèrent sortir de ce désordre infernal. Moi, j'adore ! J'y retournerai, seul, pour essayer de filmer mais ce sera compliqué, même le marchand de maillots a refusé d'être photographié. À la sortie, un groupe d'aveugles joue une musique assourdissante. Pour les récompenser, Léo, séduit, leur donne quelques cédis, la monnaie ghanéenne. Entre musiciens, la solidarité est de rigueur.

Nous poursuivons notre chemin. Kumasi a des allures de ville indienne : affiches de cinéma, foule compacte, bâtiments délabrés... Sur la Guggisberg Road, nous croisons deux hommes drapés de longues étoffes à la manière des toges romaines. Orange et jaune pour la première, verte pour la seconde, avec des motifs géométriques incompréhensibles, elles sont la tenue traditionnelle des Ashanti de haut rang. Dans un anglais quasi parfait, Annie questionne les deux individus sur leur accoutrement.

– Nous sommes Ashanti, lui répond le premier avec un sourire, et nous avons rendez-vous avec le fils de notre roi, comme tous les vendredis.

– Où habite-t-il ?

– Ici, dans cette maison.

– Peut-on vous photographier ? continue Annie.

– Bien sûr, lui répond l'autre personnage avec le sourire.

Ça les amuse d'être le centre d'intérêt d'une famille française et ils se prêtent volontiers à la séance photo. Ils nous confirment que le tissu de leur vêtement est le *kente*.

– Il y a deux jours, poursuit Annie dans un anglais impeccable, nous avons vu sur les places des villages, dans les stades, d'immenses attroupements de personnes habillées de *kente* noir ou rouge.

– Ce sont des funérailles. Pour les familles, elles sont l'occasion de se retrouver.

Les deux hommes charmants n'en finissent plus de rigoler mais ils doivent nous quitter, le fils de l'*asantehene* les attend. Annie et Léo partent pour le musée Prempah II Jubilee au Centre national culturel. Moi, je retourne au marché.

La caméra calée sur l'estomac, je déambule dans les allées étroites filmant discrètement sans contrôler les images à l'écran.

Je retrouve mes chéris.

– C'était sympa, raconte Annie. On a vu quelques vieux objets du roi, des amulettes, des poids en cuivre pour peser l'or, un tabouret…

– Un tabouret ? C'est intéressant.

– C'est la réplique d'un tabouret en or remis aux Anglais. Pour ta gouverne mon cher Fano, le tabouret est le premier cadeau que reçoit un homme ashanti. À la mort de celui-ci, l'objet est traité avec un profond respect. « Entre un homme et son tabouret, il n'y a pas de secret », disent les Ashanti.

Je suis bluffé par toute la connaissance déployée par ma chère compagne. Serait-elle devenue ethnologue ?

– Non ! Ça m'intéresse, c'est tout.

Léo me montre un marque-page en laine acheté au musée. Sur la languette est inscrit le mot « Abenah ». Pour les Ashanti, il existe sept âmes, chacune correspond à un jour de la semaine. Quand un nouveau-né arrive, il reçoit comme prénom le nom du jour de sa naissance. Selon la guide du musée qui leur a vendu ce morceau de laine, le jour de naissance de notre fils – Léo est né un mardi – concorde avec Abenah. C'est vrai. Mais selon mes recherches fouillées et pour la gouverne de ma fidèle compagne, Abenah, s'il correspond bien au deuxième jour de la semaine, est par contre le nom d'une fille. Le nom sur le marque-page aurait dû être Kobena. Chez les Ashanti, les garçons nés un mardi s'appellent tous Kobena et les filles, Abenah. L'employée du musée a confondu notre fiston, au visage fin et aux cheveux si longs qu'un peigne peut s'y perdre, avec une gentille demoiselle.

De retour au bivouac, Léo enfile son nouveau maillot et sort le ballon. Une dizaine de filles et de garçons, tous habillés de bleu, se joignent à nous pour une belle partie de football. Ils sont vraiment doués ces enfants et comme le crie haut et fort une sagesse ghanéenne : « Il faut reconnaître les qualités d'autrui. »

Annie part pour l'Internet café du quartier envoyer quelques mots à ses filles.

> *Hello girls !*
> *We speak English now ! Eh oui, le Ghana fut colonisé par les Britanniques et la bouffe s'en ressent...*
> *Ici, les Ashanti, une ethnie locale, se laissent facilement photographier. Papa est content car ce n'est pas souvent le cas en Afrique. On approche de la mer et le climat est de plus en plus moite. Tout colle dans le camping-car !*
> *Je suis heureuse que vous ayez de bonnes notes au lycée. Es-tu prête pour ton code Loulou ?*
> *Gros bisous. Maman.*

Le poisson fumé, acheté bravement au plus grand marché d'Afrique selon John, n'a pas gagné les faveurs de Kobena ni de sa mère. Encore moins la pâte de maïs enveloppée dans une feuille de bananier. Tant pis ! La prochaine fois, ils feront leurs courses eux-mêmes.

Avant de partir, je vérifie les niveaux et fais l'appoint en huile moteur et en huile de direction. Une bonne chose de faite. En raison des sempiternels embouteillages, la sortie de Kumasi n'est pas simple et Léo se moque de moi quand, à chaque carrefour, je demande la direction aux badauds.

– La route de Cape Town, *please* ?

– Mais non Papa, c'est Cape Coast ! Il faut dire : « *The road to Cape Coast, please ?* »

– Oui, ça va Kobena, ils ont compris.

Sur 10 kilomètres, le goudron est éclaté. À l'aide d'une pelle, des gamins remplissent les trous de terre et de cailloux puis demandent une rétribution aux automobilistes. Il faut bien vivre. Quand Annie ne peut éviter l'un des nombreux nids-de-poule, un bruit sec résonne du côté de la roue droite : toc… toc… Elle s'en inquiète car elle connaît mes capacités à régler les problèmes mécaniques.

Dans les villages, les cases ont définitivement disparu pour des petites maisons en brique et nous sommes dévisagés comme si nous étions des extraterrestres. Est-ce le camping-car, véhicule rarement vu dans ce pays ou le conducteur, ici, une femme ou bien les longs cheveux de Léo, si longs qu'une brosse s'y est un jour perdue ?

La route est maintenant bordée de cocotiers, nous approchons en effet de la mer, du golfe de Guinée et de Cape Town.

– CAPE COAST ! hurle Léo.

– Oui, bon, ça va Kobena !

Au premier barrage routier, les policiers, surtout les policières – les femmes sont nombreuses dans l'administration ghanéenne –, veulent connaître le prénom d'Annie.

– Et vous, leur demande Annie pour renvoyer l'ascenseur, c'est comment ?

– Moi c'est Doris, lui répond la première femme. Elle, c'est Serwa et elle, Tawia.

Il existe moins de complicité entre les hommes aux yeux rouges et moi. À l'entrée de Cape… Coast, un second contrôle va me permettre enfin de me familiariser avec l'un de ces policiers.

– L'Oasis, *please* ?

L'Oasis est l'auberge choisie par Annie pour nos nuitées à Cape Coast. Elle dispose d'un parking.

– Garez-vous là, me répond-il, je vais vous expliquer.

Annie obéit.

– Alors, poursuit-il, au feu vous tournerez sur votre gauche et après… vous demanderez votre route.

Voilà une explication somme toute claire et précise. On tourne à gauche au feu puis nous demandons notre route. En suivant les conseils judicieux de ce brave homme, nous ne pouvons pas nous perdre. En effet, nous voilà sur le parking sablonneux de l'Oasis. Parfois, la vie est d'une simplicité affligeante !

L'auberge, située sur la plage, est tenue par une Ghanéenne mariée à un Allemand. Quel bonheur de se retrouver face à la mer ! Léo et moi, allons vite nous jeter dans les énormes rouleaux du golfe de Guinée.

Le château de Cape Coast, un château chargé d'histoire, se trouve à 200 mètres. Nous le visiterons demain. Pour l'instant, nous applaudissons les deux équipes qui courent après un ballon rond pour l'attraper avant de le glisser entre deux poteaux plantés dans le sable. Ils sont vraiment forts ces Ghanéens et comme le dit haut et fort la sagesse…

– Tu l'as déjà raconté, Papa !

– Oh, ça va Kobena !

Quel bonheur de se retrouver sur la terrasse du bar de l'Oasis face à une mer agitée ! Afrique, tu es bien douce, ce soir !

Tout le monde est prêt, même Annie. Pourtant, selon ses dires, elle n'a pas fermé l'œil de la nuit. Cinq jeunes Japonais ont jacassé jusqu'à 4 heures du matin à côté du camping-car. Et ils ont une voix criarde, ces Japonais, surtout quand ils ont bu. Dans la soirée, ils nous avaient offert des *sushis* longuement préparés. En échange, nous leur avions servi du pastis, la bouteille achetée 1,50 € au Burkina Faso. Ils n'avaient guère apprécié. Le goût, pas le geste ! Puis, ils avaient continué la fiesta, toute la nuit. Malgré cela, Annie est prête pour la visite de l'ancienne capitale coloniale britannique.

La ville est tapissée de posters géants qui représentent le président américain Barack Obama avec son homologue ghanéen : John Atta Mills. Quelques semaines avant nous, Obama est venu se recueillir au château de Cape Coast, un château conçu pour les besoins de la traite des Noirs. Des milliers d'Africains arrachés à leur terre ont transité ici avant d'effectuer le « passage du milieu » et se retrouver dans le Nouveau Monde comme esclaves. Pour une fois, Anglais et Français avaient signé un accord : nous devions fournir aux Britanniques la matière première pour leur fructueux commerce. Léo reçoit, là, sa première leçon sur la sombre histoire de l'esclavagisme.

La visite du château, bâti par les Portugais, transformé par les Hollandais, agrandi par les Suédois et enfin, pris par les Britanniques, terminée, nous pouvons poursuivre notre virée dans la ville côtière. Un charme désuet se dégage de l'ancienne cité coloniale aux bâtiments délavés. Pour rejoindre le fort William, nous passons devant la cathédrale méthodiste avant d'atteindre un petit chemin abrupt. Sous cette chaleur, Annie choisit de rester en bas. La bâtisse ne se visite pas alors je donne une pièce à une jeune femme pour qu'elle nous autorise à monter et jouir d'une splendide vue sur le golfe de Guinée et sur toute la ville. Photo.

Dans cette moiteur, Léo a perdu le désir de manger. Nous le laissons au camping-car jouer sur l'ordinateur et partons déjeuner, sa maman et moi, en amoureux, bras dessus, bras dessous. Puis, Annie rejoint Léo. Moi, je ne peux quitter une ville sans aller au marché.

Comme tous ceux d'Afrique, il est coloré et animé. Sur une placette, se déroule une cérémonie, une union me semble-t-il, entre un homme et une femme vêtue de blanc autour de laquelle une centaine de ses congénères hautes en couleur dansent, chantent et rient à l'abri d'un chapiteau protecteur. Je reste là, à les regarder, joyeuses et fières, heureuses et belles. Très belles même dans leur rondeur. Je vous le dis, femmes à la recherche d'un poids parfait et inaccessible, venez en Afrique et vous apprendrez que la beauté provient aussi du mouvement, du son et des couleurs. Mais je m'emporte et il se fait tard.

À l'auberge, nous prenons quelques verres en compagnie de Catherina et de Yan, des retraités hollandais. Nous finissons la soirée dans le camping-car à siroter un verre de pastis de cette fameuse bouteille achetée au Burkina Faso 1,50 €. Cette fois-ci, nous allons la vider. Le couple voyage sac à dos et, comme nous, apprécie l'Afrique et ses valeurs attachées avant tout à la famille et où les enfants sont considérés comme la richesse de l'homme et la fierté de la femme.

– Ah bon, ironise Léo, pas comme en France ?

Yan n'a pu obtenir le visa ivoirien. Trop compliqué, trop long à avoir. Ils poursuivront leur route vers le nord, je crois. En fin de soirée, nos amis hollandais achètent deux livres que nous dédicaçons. Quant aux Japonais, ils dorment depuis belle lurette. Une agréable soirée, ma foi !

Après un repos hebdomadaire mille fois mérité, les pêcheurs partent à la conquête d'un poisson devenu rare, extirpé des profondeurs du golfe par les gigantesques chalutiers internationaux pour ne laisser que des miettes aux valeureuses pirogues. Nous, nous partons pour la capitale : Accra.

Annie longe la côte et ne peut dépasser les 50 kilomètres à l'heure car les villes se succèdent sans interruption avec leur lot de dos-d'âne. À chaque franchissement de l'un d'eux, le bruit sec de la roue droite retentit encore : toc… toc… et cela inquiète de plus en plus la conductrice.

Nous passons devant le fort Amsterdam. Construite puis nommée par les Anglais York, la forteresse fut reprise par les Hollandais en 1665 et rebaptisée Amsterdam. Cet événement banal se déroula un an après que les Britanniques eurent repris à ces mêmes Hollandais, de l'autre côté de l'Atlantique, New Amsterdam pour l'appeler… New York.

– Tu en es sûr, Papa ?

– Mais oui Kobena, tu peux me croire.

– T'es énervant de m'appeler toujours Kobena.

En haut d'une côte, un jeune homme essaie de nous vendre un rongeur écartelé et grillé, plutôt peu ragoûtant. Peut-être un aulacode ? Léo préfère les ananas proposés par une vieille femme. J'en achète deux en m'excusant auprès du jeune. Aujourd'hui, nous sommes végétariens !

L'approche d'Accra est sanctionnée par un péage.

– J'adore votre voiture, nous lance l'employé. Allez-y !

Nous ne paierons pas notre dû. Avec ses deux millions d'habitants, Accra n'est pas de tout repos. Adieu la tranquillité de Cape Coast. Un interminable embouteillage nous accueille sur la Ring Road. Le camping-car n'avance plus et l'aiguille de la température moteur courtise la zone rouge. Nous devons réparer les ventilateurs, bon sang de bonsoir ! Entre deux arrêts, Annie doit couper le moteur. Bien sûr, les petits vendeurs à la sauvette sont là. J'achète un autocollant du Ghana.

Le plan de notre guide étant suffisamment détaillé, je peux mener Annie jusqu'à l'ambassade du Togo. Elle est située entre le quartier huppé de Cantonment et celui, branché, d'Osu. À partir de Danquah Square, l'un des quatre plus importants ronds-points de la Ring Road, la circulation devient fluide. Nous touchons au but.

Malheureusement, le consulat togolais ne délivre plus le visa de l'Entente, celui qui permet de voyager librement dans tous les pays de la CEDEAO. Alors, nous nous dirigeons vers le consulat du Bénin. Introuvable, il a déménagé. Bon. Allons au consulat français, il ne se trouve pas loin d'ici. Là, nous devrions obtenir la bonne adresse.

Le gendarme de service nous reçoit. Partout dans le monde, ces militaires nous ont toujours bien accueillis. Nous le remercions et partons avec l'adresse voulue plus celle de l'Alliance française. On pourrait stationner là-bas, nos investigations dans les quartiers de Cantonment et d'Osu n'ayant rien donné.

Le directeur accepte avec plaisir de nous recevoir sur son parking, fait assez rare de la part d'une Alliance pour le signaler. En échange, nous lui offrons un livre pour la médiathèque.

– Si vous nous aviez prévenus de votre visite, on aurait pu organiser une conférence sur vos voyages.

– Nous ne planifions jamais nos déplacements, lui répond Annie. Il nous est impossible d'arrêter des dates, ce serait trop astreignant.

Le prix de la liberté.

L'Alliance propose un restaurant. Léo dévore des frites d'ignames, Annie un morceau de poulet et moi, un poisson grillé. Didier, un entrepreneur français, se joint à nous. Marié à une Ivoirienne, il est installé dans la région depuis une vingtaine d'années. Selon lui, le Ghana, dont la démocratie fonctionne relativement bien, va vite se développer. Il y aurait du pétrole, paraît-il ! Sa belle-famille est restée en Côte d'Ivoire et là-bas, le niveau de la vie s'est dégradé.

– Il y a cinq années, nous raconte Didier, mon beau-frère et toute sa famille se nourrissaient deux ou trois fois par jour. Maintenant, ils ne font plus qu'un seul repas.

Didier nous offre une bière.

Ce soir, pour la première fois, Annie a des bouffées de chaleur. Effets indésirables des piqûres d'Interféron ?

Aujourd'hui est un jour de repos, notamment pour Annie et Léo. Ils le passeront à la médiathèque. Après une bonne heure de marche à tournicoter désespérément dans un quartier sans nom, je chope un taxi qui me dépose devant le consulat béninois. Hélas, là aussi, le consulat n'octroie pas le fameux visa de l'Entente. Nous restons une nuit de plus sur le parking de l'Alliance française, notre Babou veut terminer la lecture d'un livre emprunté à la médiathèque.

Annie a récupéré la glacière dans le bureau du directeur. Nous pouvons prendre la direction du Togo. Comme l'heure est déjà avancée, nous ferons une halte avant de passer la frontière. Elle se trouve à 200 kilomètres d'Accra. Nous partons.

À la sortie de la capitale, Annie s'arrête devant un supermarché sud-africain. Le « paquebot » est immense. Avec Léo, nous naviguons à travers les allées où s'entrechoquent les chariots. Je retrouve les produits sud-africains restés ancrés dans ma mémoire depuis notre tour du monde, et je ne peux me retenir devant les sachets de *biltong*, viande séchée adorée de toute la famille. Je jette plusieurs paquets au fond du Caddie, et fais la distribution dès notre retour au camping-car.

– Ça, c'est pour Maman. Ça pour Léo et ça pour moi.

– Eh, ça ne va pas ! s'insurge mon fils. Moi aussi je veux du *biltong* pimenté.

– Je propose de dormir à Keta, suggère Annie et ça n'a rien à voir avec le partage du *biltong*.

– Keta ?

– Oui, c'est avant la frontière, sur une lagune où il y a plein d'oiseaux.

Que ta volonté soit faite, ma princesse. Alors, à Sogakope, après la traversée de la Volta, tu tourneras à droite pour longer la plus grande lagune du pays et tu rouleras sur une étroite bande de terre et de sable. Tu verras, par endroits, l'isthme a peu de largeur, 30 ou 40 mètres pas plus.

Keta est une ville en partie dévastée par l'érosion de la mer et détruite par les tempêtes. Elle semble attendre la prochaine agression naturelle. Dans la soirée, Akan, un garçon entre neuf et onze ans, nous guide dans un labyrinthe de jardins de maïs, d'oignons et de tomates – délicieuses d'ailleurs – jusqu'à la lagune d'eau douce. Un véritable paradis ornithologique. On aperçoit quelques hérons, des aigrettes et bien d'autres volatiles. D'un mouvement continu, tout en douceur, quelques canots reviennent d'une pêche plutôt maigrichonne. Akan nous ramène au bivouac et semble surpris de recevoir un cadeau. Il voulait simplement nous aider, nous montrer sa lagune.

Le Togo

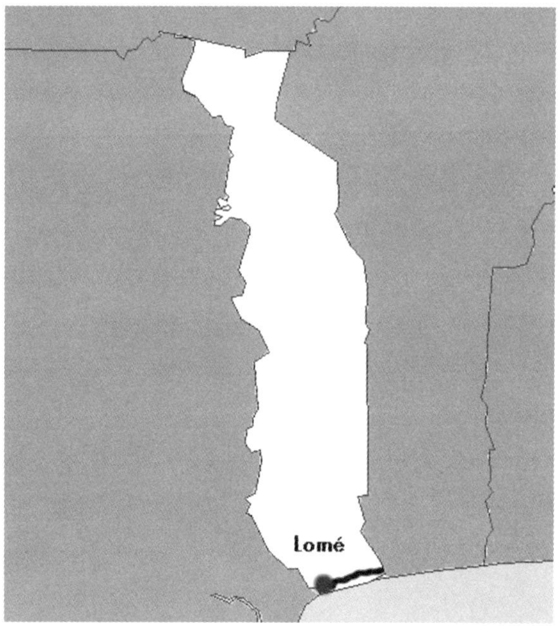

7

« Quand des morceaux de pierre se battent, il n'appartient pas à l'œuf de chercher à les séparer. »
Sagesse togolaise.

Nous arrivons à Aflao, la ville frontalière. La route est brisée, poussiéreuse, encombrée de taxis, de minibus et de camions. Un bazar complet, comme d'habitude. Nous débutons les démarches à 9 h 30. Si le passage à la police est aussi rapide qu'un éclair dans le ciel, à la douane, c'est plus long, beaucoup plus long, à cause de ce sempiternel problème du carnet de passage en douanes. Le service administratif chargé de percevoir les droits sur les marchandises importées ou exportées exige un document de sortie similaire au document d'entrée. Longue journée de tractations avec les transitaires et le chef douanier – ici une femme et vous savez bien que les négociations avec une femme sont compliquées et difficiles. On s'amuse, on s'énerve, on s'engueule, on rit, on discute, on joue au foot et on accepte enfin de payer huit euros, au lieu des 50 demandés, en échange d'un papier inutile.

Du côté togolais et malgré le grand désordre, c'est plus expéditif : une vingtaine de minutes suffisent. Le retour à la langue française facilite la conversation. Le poste de police est constitué de deux plaques en tôle tenues par quatre bouts de bois. Il est 16 heures. Annie réussit à sortir de cette cohue infernale et nous voilà directement dans Lomé, la capitale, peut-être la seule au monde à être juxtaposée au pays voisin. La ville s'étend paresseusement le long du golfe de Guinée.

Maintenant, il nous faut trouver un bivouac avant la tombée de la nuit. Annie tournicote dans un centre-ville en forme de demi-lune et fait des allers et retours entre le boulevard circulaire et celui de la Marina. Le soleil se couche. À son troisième passage devant l'hôtel Ibis, je la somme de s'arrêter.

– Je vais demander au gardien du parking si on peut s'installer ici pour la nuit.

Édoué me conduit jusqu'au directeur qui est français. Après une longue hésitation, celui-ci finit par accepter mais pour une seule nuit. Ouf ! En remerciement, je lui offre un de nos livres.

– Merci, c'est sympa ! me dit-il heureux comme un gamin le jour de Noël. Surtout, ne vous promenez pas sur la plage après le coucher du soleil. C'est un repaire de brigands, un véritable coupe-gorge.

– Merci pour le conseil !

– Une dernière chose. Ne prenez jamais de photos de ce côté-ci. Photographier l'ancien palais présidentiel vous mènerait droit en prison.

Le gardien m'indique un petit supermarché, à 500 mètres d'ici. Là-bas, j'achète du soda et quelques bières – la Flag – du café et du papier toilette. Pour le dîner, je choisis trois sandwiches d'avocat en salade préparés par une dame au coin d'une rue et des frites de patates douces. Dans un petit café, remarquable pour sa décoration sobre et en fait inexistante, Samuel le jeune barman me renseigne sur les prochains concerts prévus à Lomé. Un groupe se produira au Centre culturel français. Cela m'intéresse et devrait retenir l'attention de mon fils et de sa maman. Samuel m'offre un verre d'alcool blanc, fort, le genre de boisson qui débouche tout, détruit les microbes, occasionne des ulcères foudroyants et de fulgurantes diarrhées.

– Whouaaah, c'est fort !

– *Sodabi*, me dit Samuel. C'est du *sodabi*, un alcool de palme distillé.

– Comment s'appelle le groupe ?

– Toto Tchilatchi ! Il est bon, Toto. Un autre verre ?

– Merci.

De retour à l'hôtel, je tends une bière à Édoué notre ange gardien mais il refuse poliment.

Dès l'aube, au son des tambours, des militaires en rangs serrés effectuent leur jogging quotidien. Les contentieux avec les États voisins étant devenus rares, et ceci dans toute l'Afrique, l'influente armée togolaise aurait pour mission de régler les crises internes, souvent par la manière forte. Le peuple subit une dictature dont le seul objectif est de rester en place et, donc, d'éliminer toutes formes d'opposition. Selon le directeur de l'hôtel, l'armée vient d'arrêter le frère de Faure Gnassingbé, l'actuel président, pour tentative d'atteinte à la sûreté de l'État. Il aurait fomenté un coup d'État et comme dit une sagesse togolaise : « Il ne faut pas vous mêler de ce qui ne vous regarde pas ; vous éviterez ainsi les désagréments. »

Je donne une bonne poignée de main à Édoué. Il nous souhaite plein de bonnes choses pour la suite de notre voyage puis nous quittons l'hôtel.

– Quel est le programme maintenant ?

– J'aimerais bien dénicher le visa de l'Entente, me répond Annie. Il doit bien exister ce visa !

– Il ne nous sera plus utile.

– Mais si, me contredit ma chérie ne sachant quelle direction prendre. Il servira pour le Bénin, le Burkina Faso, car on repassera par ce pays, et le Niger. Cela ne fera qu'un visa pour trois pays.

– Prends à gauche ! On essaie le consulat béninois.

Et non, pas de visa de l'Entente mais on nous conseille de nous rendre au service de l'immigration. Il se trouve à huit kilomètres du centre-ville, au nord. Bingo ! Le service délivre bien le sésame, nous l'aurons le lendemain.

Il nous faut dénicher un autre campement. Lomé me plaît même si la ville a perdu de sa superbe. Dépourvue de gratte-ciel – en dehors d'un ou deux hôtels de luxe –, bordée d'une longue plage, elle dégage une ambiance festive et bon enfant. Alors, un bivouac agréable serait le bienvenu.

La deuxième nuit, nous la passons près du service de l'immigration sur le parking d'un petit hôtel au doux nom de Vénus. Hôtel de passe ? C'est possible. Plusieurs voitures s'arrêteront dans la nuit pour une halte d'une heure puis repartiront !

Le service de l'immigration n'ouvre pas avant 10 heures. Annie trouve le temps de passer à l'Internet café pour donner de nos nouvelles à ses filles.

> *Coucou mes puces !*
> *Nous voilà à Lomé qui est la capitale du Togo. C'est un petit pays tout en longueur, 150 km de large, 600 de long. Un peu de géographie ne vous fait pas de mal.*
> *Il est 8 h 30 et il fait déjà 30 degrés. Le temps est toujours aussi humide. Combien fait-il à Tonnay-Charente ? L'hiver approche.*
> *Pour toi Lola qui apprécie la musique africaine, on ira voir un concert et Léo est impatient.*
> *Bises à toutes les trois. Maman.*

Pendant ce temps, avec Léo, nous recherchons le maillot de football de l'équipe togolaise. Inutile d'aller bien loin, on en trouve à chaque coin de rue, ou presque. Et voilà le sixième !

C'est fait, nous l'avons. L'autocollant du visa touristique de l'Entente est collé sur une page de chacun de nos passeports. Il est valable 60 jours, cela devrait suffire.

Le Vénus étant trop éloigné du centre-ville, nous repartons à la recherche d'un troisième bivouac. Tout heureuse d'avoir récupéré le visa, Annie regagne le boulevard Félix-Houphouët-Boigny et s'arrête à un feu tricolore. Voyant les véhicules passer malgré l'interdiction stipulée par la couleur rouge du feu, elle se laisse entraîner et démarre. 50 mètres plus loin, un robuste policier motorisé nous ordonne de nous mettre sur le bas-côté. Bravo Annie !

– Vous êtes passés quand le feu était rouge, nous menace ce membre de la police. C'est très grave !

– Tout le monde le grille, se défend Annie, assez mal à mon humble avis. Pourquoi ne les arrêtez-vous pas, les autres ?

– Ils ont l'autorisation car ils travaillent dans des ministères.

L'extravagant policier à la stature impressionnante exige 50 000 francs CFA soit 76,22 € pour cette stupide infraction. Bien sûr, Annie refuse avec courage et commence une âpre négociation.

– Dépêchez-vous, s'impatiente le motard, le chef va arriver et vous aurez une amende plus forte avec confiscation du permis pendant plusieurs semaines.

– 25 000 francs CFA, lui propose Annie.

J'interviens :

– Ça ne va pas, 10 000 pas plus !

– Dépêchez-vous ! Donnez-moi 30 000.

– Non, 10 000 !

Le policier accepte avec regret, prend l'oseille, grimpe maladroitement sur sa moto et se tire. Voilà notre deuxième amende. On vieillit, Annie, on vieillit.

Pour le bivouac et le concert, le Centre culturel français devrait avoir une petite idée. En effet, son responsable nous le confirme, un concert aura bien lieu demain soir à 19 h 30, ici même. Toto viendra se produire avec son groupe. Chouette ! Pour le bivouac, il ne peut rien pour nous : pas de parking au Centre et il connaît à peine Lomé étant ici depuis deux jours seulement. Alors, le directeur nous présente Richard. L'homme d'entretien pourrait nous aider. Pas très grand, assez mince et les cheveux grisonnants, Richard s'installe dans le camping-car à la place du copilote et nous guide dans le centre de Lomé.

Le premier hôtel manque de place. Plus loin, au cœur de la capitale, la cathédrale du Sacré-Cœur au style gothique possède une large cour. C'est pas mal ici, on y serait bien, et tout proche du marché. Nous attendons le curé. Une heure… Deux heures… Il se réveille enfin.

– Je suis désolé, nous déclare-t-il sans hésiter en se grattouillant l'estomac, mais je ne peux vous recevoir sans l'aval de la police.

– L'aval de la police ? s'étonne Annie.

– Allez au commissariat et demandez-leur l'autorisation de stationner ici. Sans lettre de leur part, vous ne pouvez rester.

Surprenante cette déclaration. Le directeur de l'hôtel Ibis avait hésité à nous accorder une place et seulement pour une nuit. D'où vient cette réticence ? Voilà une situation vécue plusieurs fois lors de nos voyages, ce fut le cas au Zimbabwe et au Vietnam. J'offre un verre à notre guide. Tu peux retourner au Centre, Richard, et merci pour ton appui.

Nous poursuivons nos recherches, tournons encore et toujours, et tombons sur un type à l'allure mythique propre aux Noirs de Jamaïque. Cet homme charmant nous indique un hôtel tenu par des Suisses, à 200 mètres de la plage. Ça marche ! Nous avons un emplacement fermé.

Ce soir, Annie nous offre une pintade enveloppée dans du papier de sac de ciment et cuite sur le gril. Dans le restaurant de plein air, les tables ne sont pas éclairées mais nous nous en accommodons grâce à nos lampes frontales. Pas de couverts non plus mais des verres pour les boissons. Léo apprécie cette manière de manger avec les mains, ainsi tous les sens sont mis à contribution. L'énorme pintade est succulente, délicieuse, fondante…

Léo s'est lavé les cheveux, Annie aussi alors je me sens obligé d'en faire autant. Aujourd'hui, nous prenons notre temps. Flânons dans Lomé sans but précis sinon d'être au Centre culturel pour 19 heures ! Nous laissons le hasard nous guider et il nous mène d'abord à la plage de sable fin bordée de cocotiers et investie par les barques des pêcheurs, une plage sans fin qui s'étend à l'infini. Je suis surpris et heureux d'apercevoir un groupe de joueurs de… rugby qui s'entraîne sur le sable. Tout excité, je sors le caméscope et demande l'autorisation à l'entraîneur de les filmer. Après un bref historique sur ma carrière de rugbyman, je l'interroge sur la place du rugby dans le paysage sportif togolais.

– Il existe une quinzaine de clubs dans notre pays, m'explique l'homme trapu.

– C'est déjà bien !

– Mais il existe deux fédérations donc deux championnats concurrents. C'est un problème car ils ne s'entendent pas.

C'est bien africain tout ça… Après cette longue interview, j'enregistre d'autres plans. Devant le caméscope, les joueurs se transmettent le ballon avec une certaine fierté.

Nous passons maintenant devant les anciens palais présidentiel et de la justice. Ce dernier, avec ses arcades, est défraîchi. J'aime bien Lomé. La capitale est aérée, détendue, la circulation est fluide et discrète malgré les nombreux mototaxis. Les rues arborées me rappellent-elles les villes soviétiques ? Oui, un peu ! Et les bâtiments coloniaux, aujourd'hui délabrés, donnent un aspect tristounet voire inquiétant mais je m'y sens bien. Et puis, il y a les Togolais, sympas comme tout, calmes, serviables et qui manient l'humour avec habileté.

Assis au bord d'un trottoir pour siroter une boisson, nous nous imprégnons de l'ambiance conviviale propre à la ville. Un homme d'âge mûr vient offrir une cigarette à Annie.

– Avec plaisir, lui lance Annie, radieuse. C'est agréable tous ces petits commerces.

– Oui, lui répond l'inconnu. Lomé se porte mieux depuis que la Côte d'Ivoire souffre de problèmes politiques. Notre port commercial est devenu très actif. Le Burkina et le Mali préfèrent travailler avec nous, c'est plus sûr.

– On y va, nous pousse Léo. Il faut manger avant le concert.

Nous dînons d'un savoureux sandwich à la viande.

Habillé d'une chemise et d'un pantalon traditionnels, tout en jaune, Toto monte sur scène accompagné de deux guitaristes, d'un batteur, d'un joueur de *bendré*, d'un synthétiseur et de deux choristes, deux belles femmes coiffées d'un foulard. Avec ses dreadlocks, je reconnais Toto, le charmant homme qui nous avait indiqué l'hôtel où nous sommes installés. Lomé est petit ! Pendant deux heures, Toto et sa bande vont s'éclater dans une ambiance exaltée. Nous sommes les seuls Blancs. Léo photographie, je filme – j'avais auparavant demander l'autorisation au chanteur – et Annie applaudit. Musique moderne avec un soupçon de tradition.

Hélas, mille fois hélas. Le lendemain, en visionnant les minicassettes, je m'aperçois que le caméscope n'a pas fonctionné. Rien. Aucune image du concert, aucune image de l'entraînement des rugbymen, aucune image depuis Cape Coast au Ghana n'a été enregistrée. Que s'est-il passé ? Je filme Léo qui joue sur la grande dînette et regarde le résultat. Rien ! C'est la consternation. Le caméscope semble défaillir, en panne le caméscope ! J'écume le centre-ville en mototaxi pour dénicher un réparateur. Mes recherches ne donneront rien sinon cette information redondante : j'aurais plus de chance à Cotonou au Bénin. Nous devons réfléchir sur la suite immédiate à donner au voyage.

– Il faut aller à Cotonou.

– Je comprends, dit Annie inquiète pour le devenir du caméscope. C’est dommage de quitter le Togo si vite mais il le faut sinon tu ne pourras pas monter de film.

– Tiens, je t’ai rapporté des torchons et du shampoing.

– Des torchons ? s’inquiète le fiston.

Le plein d’eau est fait, les jeux de Léo sont rangés. Nous partirons demain matin. Au revoir le Togo.

Le Bénin

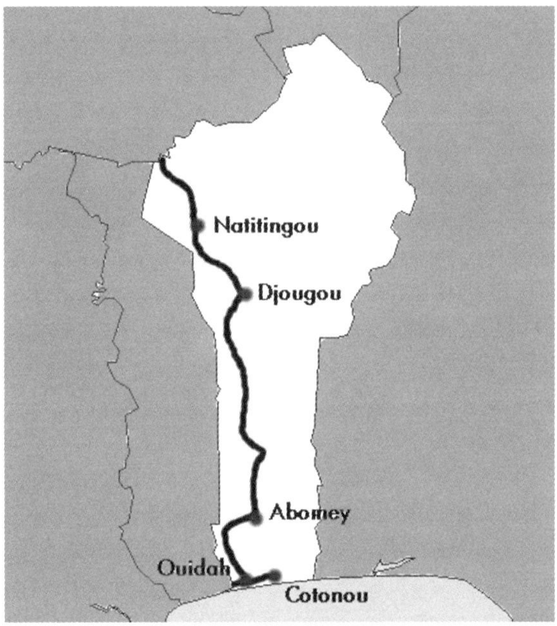

FEDERATION
BENINOISE DE FOOTBALL
LES ECUREUILS
DU BENIN
Fédération Sénégalaise
de Football
FEDERATION TOGOLAISE
DE FOOTBALL
FEDERATION ROYALE MAROCAINE DE FOOTBALL
FRMF
FBF
FEDERATION MALIENNE
MALI 1960
FMF
GHANA FOOTBALL ASSOCIATION

1 : Aït-Ben-Haddou (Maroc).

2 : Aït-Ben-Haddou (Maroc).

3 : Médina à Rabbat (Maroc).

4 : Gargote à Marrakech (Maroc).

5 : Berbère (Maroc).

6 : Tajine (Maroc).

1 : *No man's land (*Mauritanie).

2 : Solidarité dans le désert (Mauritanie).

3 : Saint-Louis (Sénégal).

4 : Retour de pêche (Sénégal).

5 : Difficile de photographier (Sénégal).

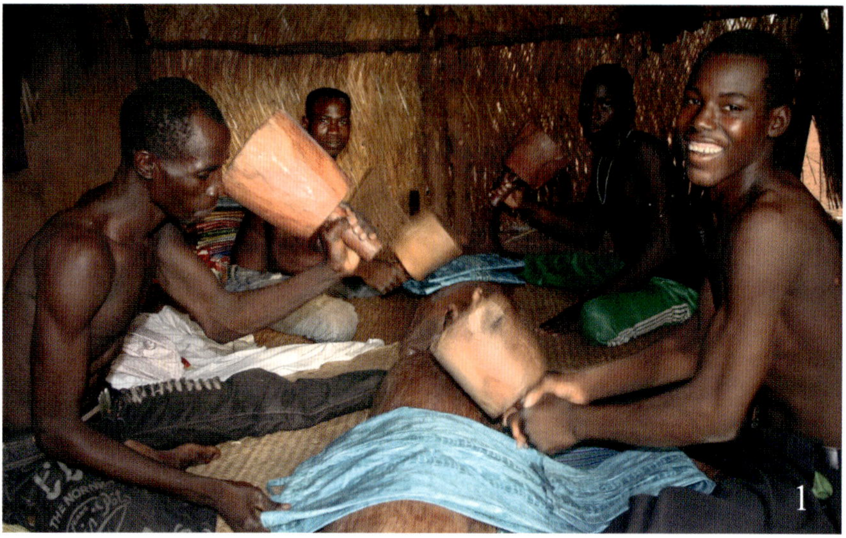

1 : Repasseurs de Bamako (Mali).

2 : Bergers peuls (Mali).

3 : Le camping-car entre Gao et Mopti (Mali).

Visite des villages dogon (Mali).

1 : Mosquée de Teli.

2 : Falaise de Bandiagara.

3 : Au village de Djiguibombolo.

4 et 5 : Femmes de Teli.

1 : Partie de baby-foot (Burkina Faso).

2 : Mosquée à ciel ouvert (Ghana).

3 : Femme sur le bord de la route (Ghana).

4 : Marché de Kumasi (Ghana).

1 et 3 : Les tata, maison somba (Bénin)

2 : Femme somba (Bénin).

4 : Monument de la réconciliation à Cotonou (Bénin).

5 : Plage de Lomé (Togo).

1 : Troupeaux de zébus et de chèvres (Niger).

2 : Maison de nomade (Niger).

3 : Femme revenant du fleuve (Niger).

4 : Hippopotame sur le fleuve Niger (Niger).

5 : Coucher de soleil sur le fleuve Niger (Niger).

8

« Ce n'est pas parce que le crocodile a soif qu'il sort de son lac pour boire l'eau de la rosée du matin qui tombe sur les feuilles. »

Sagesse béninoise.

L'entrée au Bénin nous oblige à retarder notre montre d'une heure, mais nous n'en avons pas… La réparation du caméscope est devenue une priorité pourtant Annie et Léo souhaitent se prélasser une ou deux journées au bord de la mer. Pour cela, ils ont choisi la station balnéaire de Grand-Popo, certainement attirés par le nom si rigolo. Annie a repéré un campement, l'Auberge de Grand-Popo, situé sur la plage, avec piscine, bar, restaurant… la classe pour six euros, électricité comprise. Soyons fous ! L'emplacement est paradisiaque, peut-être un peu trop excentré, mais sympa.

L'immense plage de sable flanquée de cocotiers séduit les amoureux de la nature en dépit d'une baignade considérée comme dangereuse à cette saison. Devant le haut mur façonné par les lames de l'océan, Léo préfère piquer une tête dans les eaux calmes de la piscine. Me mouiller dans un liquide froid n'est pas mon fort, alors je préfère plonger dans les rues clairsemées de Grand-Popo. D'ailleurs, j'ai deux ou trois trucs à chiner.

Maintenant, je peux vous l'avouer, Popo est le surnom de mon frère jumeau. Alors, je pars photographier les bâtiments où ce nom apparaît. D'abord, je flashe la pancarte de l'auberge, puis le panneau d'entrée de la ville planté sur la RNI1. Ensuite, je mets en boîte le monument à la mémoire des enfants de Grand-Popo morts pendant les deux guerres mondiales et le siège du comité local de la Croix-Rouge béninoise. Et enfin, l'église de Pentecôte de Grand-Popo. Mais là, je me heurte à l'hostilité d'un jeune indigné par mon attitude.

– Pourquoi photographier cette église ? me dit Seïdath sur un ton désagréable.

Je sens que la conversation va être compliquée et je réplique par un mensonge :

– Je suis pratiquant. En quoi cela vous gêne-t-il ? Je ne vous photographie pas.

– Vous les Français, vous vous croyez tout permis !

– Pardon ?

– Nous n'avons pas le droit d'aller chez vous, par contre vous venez encore nous coloniser.

Le début de sa plaidoirie est en partie vrai mais pour le reste, il ne devrait pas avoir peur d'un couple charentais accompagné de son gamin, joueur de guitare à ses heures creuses et ceinture verte de judo. Non, nous ne sommes pas là pour coloniser le Bénin, nous venons simplement visiter son pays et méritons un peu plus de complaisance. Je quitte néanmoins Seïdath en bons termes – le dialogue est toujours nécessaire – et le jeune révolté me donne l'origine du curieux nom de sa commune.

– Popo est un mot d'origine portugaise, il signifie : pêcheur. Les Portugais furent les premiers colonisateurs de la région.

– Alors, pourquoi m'agresser ? Je ne suis pas portugais.

Seïdath me sourit enfin. Je lui montre les achats effectués dans les petits commerces de Grand-Popo.

– Tu vois Seïdath, les Béninois n'ont pas tous la même conception de la vie. Les commerçants sont heureux de me voir surtout celui du maquis de la petite place.

Dans ce genre de conversation, j'aime bien avoir le dernier mot. Seïdath me salue.

De retour au camping-car, je trouve Annie qui s'échine à rendre plus blanc que blanc nos sous-vêtements. Quant à Léo, il voudrait me faire croire qu'il étudie son latin en jouant sur l'ordinateur. Pendant mon absence, un bus rose s'est installé près de notre maison roulante avec son lot de Suédois et d'Australiens : la Pink Caravan. Je dois retourner à la réception et remplir une fiche de police. Cela me déplaît mais c'est obligatoire de l'avis du personnel de l'auberge.

Cotonou est la capitale économique du Bénin, la capitale administrative étant Porto-Novo. Coincée entre le lac Nokoué et le golfe de Guinée, la ville forme un entonnoir où le camping-car s'engouffre malgré lui comme aspiré par le flux infernal de la circulation. Énorme embouteillage. Une pléthore de mototaxis – appelés *zem* – conduits par des hommes drapés d'une chemisette jaune, doublent par n'importe quel côté, dans n'importe quel sens pour filer à vive allure en crachant une fumée insupportable à tout-va. Les « rois urbains » du Bénin sont des milliers à sillonner les rues de la ville.

– J'aimerais bien avoir une moto comme eux pour aller au collège, nous déclare Léo les yeux rivés sur ces engins polluants.

– Ah non, Léo ! lui répond sa mère. Tu ne feras pas de moto, j'aurais trop peur.

– Le must, continue le collégien, ici le port du casque n'est pas obligatoire.

Pour la réparation du caméscope, des Français rencontrés à Lomé m'ont indiqué un magasin compétent, le Microland, sis dans le centre de Cotonou, face à la cathédrale, au pied de l'ancien pont qui enjambe la lagune Cotonou – un canal creusé par les colons français. Il est aisé de ne pas se perdre dans cette ville quadrillée. Néanmoins, certaines avenues sont bloquées par la police afin de laisser la voie libre à la voiture présidentielle. Un militaire en moto nous sort du pétrin et, grâce à lui, nous atteignons notre destination.

Christopher, le gérant de Microland, m'attendait – je l'avais prévenu de mon arrivée – et je lui remets le caméscope, deux minicassettes, les trois batteries et le chargeur. Des spécialistes l'examineront et cela devrait prendre deux jours.

Le bivouac, nous allons le trouver au Centre culturel français. Décidément, les Alliances sont accueillantes dans cette partie du monde. On peut y rester plusieurs jours, ici, à l'ombre d'un soleil trop brûlant. Pour les déplacements, le *zem* reste le moyen le plus pratique mais avant de monter sur ces deux-roues conduits par des individus trop téméraires à mon avis, je recommande au *kêkênon* – nom donné aux chauffeurs – de réduire sa vélocité et pour cela, je n'hésite pas, mais pas une seule seconde, à donner un petit supplément au prix ridicule de la course.

Cotonou est une ville bruyante, c'est vrai, et polluée, c'est vrai aussi. Pas grand-chose à voir et dangereuse, nous dit-on. À nos yeux, elle est représentative de l'Afrique avec ses petits commerces, ses maquis colorés, ses ateliers en tous genres, ses vendeurs ambulants, ses va-nu-pieds, ses quartiers déglingués, ses quartiers plutôt chics, son luxueux palais présidentiel et, bien sûr, ses marchés. Tout ça réuni dans une ambiance exaltante malgré une chaleur moite.

– Oui, il fait trop chaud, confirme Annie, et trop humide.

– Moi, s'entête Léo, j'aime bien les motos.

– Arrête, Léo ! le supplie sa maman. Cet après-midi, j'assisterai à une conférence donnée par un écrivain togolais. Tu viendras ?

– Bien sûr !

Hier, nous avons passé la matinée avec Florent Couao-Zotti, un auteur béninois passionnant. En dehors des romans, il écrit des scénarios pour la bande dessinée, pour la télévision et des pièces de théâtre, toujours dans un style insolent et audacieux. Il présentera, lors de la conférence, l'auteur togolais dont la réputation n'est plus à faire : Sami Tchak.

Annie est séduite par l'écriture crue de cet individu influencé par sa découverte de l'Amérique centrale. Pour Sami, les Africains assurent que leurs pays sont les plus dangereux au monde. Ayant vécu au Mexique et en Colombie, l'auteur décrit des quartiers de la banlieue de Mexico et de Bogotá hautement plus périlleux que ceux des villes du continent noir. J'approuve ses propos.

Je parcours le quartier du Centre culturel français pour pixelliser quelques photos. Léo et Annie, tombée sous le charme des auteurs africains, restent s'instruire au Centre. L'avenue Jean-Paul-II remontée à pas lents, je bifurque à gauche et entame la rue 900 jusqu'au palais présidentiel. Un quidam s'approche de moi. Il me recommande de faire un détour et me conjure de ne prendre aucune photo du palais. Absolument interdit. Le personnage me déconseille aussi la balade sur la plage.

– Trop dangereux, m'avoue-t-il, c'est une zone de non-droit.

Je contourne donc le palais, passe devant celui de la justice et me retrouve sur l'avenue de la Marina devant un monument de style soviétique fait de colonnes. Elles représentent une porte ouverte sur la mer, hommage aux martyrs de l'esclavagisme. Plus loin, dans le prolongement, trône la statue de deux êtres dans les bras l'un de l'autre avec cette inscription :

« Reconnaissons et pardonnons le passé
Célébrons le présent
Construisons l'avenir dans
la réconciliation et la justice. »

À méditer.

Je vais le faire dans un maquis. Cotonou ne manque pas de restaurants de plein air. Ceux de la faculté des sciences de la santé proposent d'excellentes grillades.

– Bonne arrivée, me souhaite la cuisinière.

– Bonjour. C'est quoi ces pâtes ?

– Ça, c'est une pâte de maïs, celle-là de sorgho et celle-ci de manioc.

– Donnez-moi une part de chaque et du mouton grillé pour… 300 francs s'il vous plaît.

Je m'installe sur un banc où se trouve déjà Jocelyn. Il est professeur à la faculté et déguste un café avant de reprendre les cours.

– Bonne assise, me dit la serveuse.

– Je prendrai une Flag.

La serveuse se met à rire et me rapporte la bière. Jocelyn refuse un verre, jamais avant le travail.

– Ici, les femmes t'apprécient car tu es spontané et simple, m'explique-t-il en tournant délicatement la cuillère dans sa tasse.

– Depuis deux jours, je viens ici acheter des plats cuisinés et prendre un verre. Hier, j'ai soufflé à la serveuse qu'elle était ravissante. Vous êtes donc professeur ?

– Oui. J'aide aussi les personnes à écrire leur courrier, à monter des dossiers…

La cuisinière m'apporte deux sacs en plastique au contenu appétissant. Je peux rejoindre mes érudits tant aimés après avoir salué Jocelyn et les charmantes femmes.

Pendant la conférence, Florent nous a donné une explication sur le mot *zem*. Il provient de *zemigden* dont la traduction « emmène-moi vite » caractérise bien les mototaxis. Ce matin, j'explique au kamikaze vêtu d'une chemise jaune, la paire de lunettes de soleil posée sur le nez et le petit foulard rouge noué autour du cou, ma conception du temps. Le Microland reste ouvert toute la journée alors pourquoi se dépêcher et rouler à vive allure ? Le numéro 4 298 – chaque chauffeur de *zem* possède un numéro inscrit sur le dos de son vêtement aux manches courtes – semble avoir compris, nous pouvons négocier le montant de la course. Les lunettes de soleil doivent empêcher mon *kêkênon* de discerner de manière objective la couleur des feux de signalisation. Il les ignore tout comme les sens interdits. L'avenue Jean-Paul-II est toute droite. Nous passons devant le port autonome de Cotonou, le plus grand de la région. Bolloré vient de remporter l'appel d'offres pour sa concession. Étonnant ce port si proche du centre-ville. Le mototaxi bute sur l'avenue Clozel, rectiligne elle aussi. Le Microland se trouve au bout de cette rue.

– C'était limite. Deux feux rouges et un sens interdit, c'est pas mal.

– Cela fait gagner du temps, rigole le *kêkênon* portant le numéro 4 298.

Un homme m'accapare dès ma descente de la moto pour me présenter, sous le manteau, deux jolis masques. Le prix descend vraiment bas, et devant son insistance, je ne peux résister et les lui achète. Ils feront un beau cadeau pour Noël. Pour les Africains, les masques représentent toujours les esprits, mais aujourd'hui, la plupart sont fabriqués pour le plaisir des touristes.

À voir la mine déconfite de Christopher, je comprends de suite : mon caméscope n'est plus en état de marche. Pour lui, le voyage est fini. Fini aussi le film.

– Ce n'est pas grave, me console Annie à mon retour. Tu feras un diaporama.

– Je ne sais pas, je n'ai pas assez de photos.

– Et si tu faisais un mélange d'images et de photos ?

– Non ! Je ne peux pas commencer un film par des images et le terminer par des photos. Cela ne se fait pas, voyons !

– De toute façon, me dit Léo, tu écriras un livre.

– Je ne sais pas…

Si le caméscope est mort, le voyage, lui, est bien vivant. Il va se poursuivre dès le lendemain par la visite de Ouidah, berceau du vaudou et ville à l'histoire douloureuse, celle du commerce des esclaves.

Le moteur d'Oscar fournit l'énergie nécessaire pour que les palmes produisent un déplacement d'air salutaire et nous donnent un peu de fraîcheur. Sur la grande dînette, Annie gribouille sur du papier quadrillé une liste de noms avec, en face, une idée de cadeau de Noël.

– Je ne vois pas mon nom, s'insurge notre fils. Les deux masques ne sont pas pour moi ?

– Non ! On les offrira à Popo.

– Pourquoi ? J'aimerais les garder, Popo aura les photos de Grand-Popo.

Pour accompagner la bière, nous avalons des cacahuètes achetées au Erevan, l'unique supermarché de la ville dont les propriétaires sont… Arméniens. Un immense magasin désert où aucune âme ne vivait ce matin-là en dehors d'un touriste échevelé. Il acheta des céréales pour le petit déjeuner de son garçon et des cacahuètes. Son fils l'avait pris en photo sur le *zem* qui l'emmenait au Erevan. Des photos bien cadrées. Maintenant, en sirotant notre breuvage préféré, nous les regardons sur l'ordinateur et je m'inquiète, le diaporama sera bien difficile à monter.

Mais oui, j'écrirai un livre !

Quelle surprise ce matin, pas d'embouteillage ou si peu ! Nous revenons sur nos pas, direction Ouidah. Après une cinquantaine de kilomètres, le camping-car pénètre dans une ville dont les monuments nous rappellent l'époque où le Bénin vivait sa période communiste. Sur les trottoirs, dominent d'imposantes jarres en verre remplies d'essence de contrebande destinée aux *zems*. Le prix du carburant servi dans les stations-service est beaucoup plus cher. Quand je demande l'autorisation à la vendeuse au visage rond de photographier ses bonbonnes transparentes, elle me sort :

– Tu me donnes quoi en échange ?

– Un bisou.

Le mot est sorti spontanément et les dents éclatantes de la femme apparaissent dans toute leur blancheur pour accompagner joliment son rire.

– Bon, tu viens ! se désespère Annie.

Nous traversons rapidement la ville pour nous retrouver sur la place des Enchères. La Route des Esclaves, une piste sablonneuse, commence ici. Au XVIIIe siècle, le roi du Dahomey, l'ancien royaume du Bénin, décida de vendre ses prisonniers de guerre aux Européens pour leurs travaux forcés, au lieu de les tuer. Un commerce lucratif, très lucratif. Mais les prisonniers ne suffirent plus pour étancher la soif des négriers. Des razzias furent organisées vidant des villages et des quartiers entiers. Les victimes furent troquées contre de la marchandise de pacotille sur cette place des Enchères. Enchaînés les uns aux autres, les esclaves entamèrent alors une éprouvante marche de quatre kilomètres jusqu'à la plage où ils embarquèrent dans des navires pour le Nouveau Monde.

La deuxième étape de cette longue épreuve fut l'« arbre de l'oubli ». Les femmes tournaient autour de lui sept fois, les hommes, neuf. Ce rituel devait faire oublier à ces êtres privés de liberté leur pays et leur culture. Après la liberté, ils étaient maintenant dépossédés de leur identité.

– Mais je ne vois pas l'arbre, remarque Léo.

– Il n'existe plus et a été remplacé par cette statue. C'est une sirène.

– Ah bon, dit Babou. Ça ressemble plutôt à un hippocampe.

Puis, les esclaves étaient conduits vers les « cases de Zomaï », à deux kilomètres de la plage, « là où le feu ne va pas » ou à « l'endroit où la lumière ne vient jamais ». En attendant les navires, les prisonniers déshumanisés étaient enfermés dans des cases où régnait l'obscurité. Pour l'esclave, le jour ne se lève jamais, il est toujours plongé dans le noir. L'attente pouvait durer trois ou quatre mois. Un avant-goût de la traversée et de la vie dans les cales.

– Je ne vois pas de cases, remarque encore une fois Léo.

– Elles ont été détruites. Ce mémorial a été édifié à la place.

Le monument haut de six mètres, appelé « le mur des lamentations », a été érigé sur l'emplacement d'une fosse commune. Quand un navire s'ancrait au large, les personnes décédées dans des conditions extrêmes étaient entassées dans cette fosse immortalisée par ce haut monument. Les survivants embarquaient dans les cales du bateau mais avant de monter sur les pirogues à destination du navire, les esclaves effectuaient un dernier rituel : faire trois fois le tour de l'« arbre du retour » afin d'assurer précisément le retour de leur âme sur la terre natale.

– C'est celui-là ? demande Léo.

– Oui.

Sur la plage, la « porte du non-retour » fut l'ultime étape, la déchirure. Certains esclaves se suicidaient en avalant du sable, s'ouvraient les veines à l'aide de leurs chaînes ou se jetaient dans la mer infestée de requins. Aujourd'hui, une grande arche aux bas-reliefs représentant des êtres enchaînés honore les deux millions de femmes, d'enfants et d'hommes victimes du commerce triangulaire.

– L'arche existait à l'époque ? ironise Léo.

– Mais non.

Dans leur malheur, les peuples africains ont su propager à travers le Nouveau Monde leur culture, leur musique, leur religion… malgré les injustices sociales dont ils ont été les victimes.

Nous reprenons la Route des Esclaves pour rejoindre le centre-ville. Des statues en béton jalonnent la piste et décrivent de manière symbolique la souffrance affective supportée par les esclaves. La visite du musée de l'Histoire complète cette matinée culturelle. Il est logé dans l'ancien fort portugais, une bâtisse entourée d'un mur blanc flanqué de canons. Devant, à l'ombre d'arbres aux tailles inégales, des joueurs de pétanque asticotent le cochonnet. Restes du colonialisme…

Léo souhaite rester à Ouidah une ou deux nuits. Nous trouvons un campement sur le terrain d'un hôtel, tout proche du cimetière français.

Dans le petit parc de l'hôtel, un singe est attaché à un arbre. Heureusement, Louise et Lola ne sont pas là, elles en seraient toutes retournées. Léo joue au ballon avec Roméo, un garçon de son âge.

– Tu ne vas pas à l'école ? lui demande Léo.

– Non, Maman ne veut pas. Toi non plus, ta maman ne veut pas ?

Ils se divertissent une bonne heure et un deuxième gamin se joint à eux.

Les enfantillages terminés, nous pouvons humer la douce atmosphère de Ouidah. En ce début d'après-midi, le marché a perdu de sa vivacité. Dans une échoppe proprette, Léo choisit son septième maillot de football, celui du Bénin. Il est jaune avec des touches rouges et deux écureuils figurent sur le logo. Puis, nous nous attablons à la terrasse d'une buvette pour apprécier une nouvelle fois les qualités de la bière africaine. « Lorsqu'on entreprend une action, ce n'est pas toujours par nécessité » dit une longue sagesse béninoise.

– C'est quoi le vaudou ? nous demande Léo en sirotant son soda orange.

– Une religion. Elle est née ici.

– Celle où les fidèles enfoncent des aiguilles dans des poupées de chiffon ?

Le vaudou est un mélange obscur de sorcellerie, de rites africains et de religion. Une rencontre entre les forces naturelles et les forces occultes.

– Mais pourquoi enfoncent-ils des aiguilles dans les poupées ?

– Pour jeter des sorts.

Longtemps interdit, le vaudou fut réhabilité et reconnu par l'État béninois comme une religion. Lors de leur déportation, les esclaves l'ont propagé aux Amériques et dans les Caraïbes.

Chaque année, le 10 janvier, la ville de Ouidah organise le festival du vaudou. Sur la plage, au bout de la Route des Esclaves, des groupes de chanteurs, de danseurs et de musiciens s'animent devant des milliers de fidèles venus du Nouveau Monde et de l'Europe.

– Bon anniversaire ! me souhaite Annie.

– Bisou !

– Bon anniversaire ! me souhaite Léo.

– Bisou !

Eh, oui, cinquante ans déjà. Un demi-siècle, deux quarts de siècle. Enfin, ce que vous voulez.

– Et… les cadeaux ?

– Quand nous serons à Abomey, me répond Léo, c'est-à-dire ce soir, nous t'offrirons le restaurant.

Le camping-car n'a aucune difficulté à rejoindre Abomey, l'ancienne capitale du royaume du Dahomey, si ce n'est ce bruit sous la roue droite, toc… toc…, de plus en plus important. Pour Annie, il est urgent de la faire vérifier par quelqu'un de compétent. Aucune difficulté non plus pour le bivouac. L'Auberge d'Abomey – elle fait partie de la même chaîne hôtelière que celle de Grand-Popo – nous accueille.

Nous sommes prêts à refaire un saut dans l'histoire béninoise. La visite de la ville complète celle de Ouidah car cet empire militaire tirait sa richesse de la vente d'esclaves. Douze rois se succédèrent jusqu'à la fin du XIXe siècle. Douze rois donc douze palais. Chaque monarque construisait le sien.

Mais avant de nous jeter dans le passé, nous emmagasinons des forces dans une buvette. Une belle assiette de riz et de légumes fera l'affaire. Attention, ce n'est pas le festin promis par Léo. Heureux de nous voir, le patron demande à notre fils son numéro de téléphone et lui donne le sien. Notre Babou sème toujours le trouble : fille ou garçon ?

Rassasiés, nous partons à l'assaut de la Route des Rois. Comme à son habitude, Léo nous guide. En dehors des avenues principales, les rues, bordées de maisons en banco, sont faites de terre et de poussière. Quand il se retrouve devant les palais, j'aperçois, dans le regard de mon fiston, une certaine déception : des bouts de mur d'argile mélangée avec un peu de paille, voilà les restes des somptueuses résidences royales.

– C'est ça ? s'étonne-t-il.

Seuls deux palais subsistent. On y trouve aujourd'hui le musée. Comme dans la plupart des conservatoires de cette partie de l'Afrique, les photos sont interdites. Selon une légende, la ville d'Abomey serait construite sur la tombe du roi Dan – *Dan* signifie « serpent » – assassiné par un de ses prétendants, Houégbadja. Ce dernier construisit son palais sur le ventre du roi éventré. *Ho* signifie « ventre » et *mê*, « dans ». Donc, Dahomey voudrait dire : « dans le ventre de Dan ».

– Tu en es sûr ?

– C'est une légende. Quelle est la part historique et quelle est la part imaginaire ? Je ne sais pas.

Plus proche de la réalité, selon un panneau explicatif, la fille de Houégbadja, Hangbé, régna trois ans avec son frère jumeau avant d'abandonner le trône sous la pression de la dynastie royale. Surnommée la « reine sans pudeur », elle menait une vie marquée par le libertinage et elle créa, toujours selon le panneau, une armée de femmes dures au combat, des guerrières surnommées : Amazones. Mais selon notre livre, le corps fut créé par le roi Ghézo, un roi courageux voire téméraire car il eut plus de deux cents épouses. Cela me laisse rêveur. En 1891, pour fuir l'occupation française, Behanzin, le dernier roi du Dahomey, incendia la ville et les palais.

Nous laissons la Route des Rois et poursuivons notre balade. La cahute d'un barbier me donne l'envie de me faire raser une barbe grandissante. J'ai toujours aimé sentir les doigts agiles d'un artisan maniant avec assurance la lame effilée d'un rasoir. Mais à La Différence Coiffure, le jeune barbier utilise un instrument électrique. Tant pis ! Les enfants s'agglutinent autour du fauteuil. Léo photographie et Annie dialogue avec deux jeunes filles.

– Non, c'est un garçon. Véridique.

Léo a pris une douche, Annie aussi alors je me sens obligé d'en faire autant. Il faut être beau ce soir. Avant de partir pour la buvette, Léo entend un petit bruit répétitif dont la sonorité rappelle celle d'une sonnerie de téléphone. C'est notre portable.

> *Allô !...Papa, c'est Loulou... Bon anniversaire mon Papa chéri...Comme cadeau, on t'offre de bonnes notes. Tu es content ?... On a appris pour ton caméscope...Tu pourras peut-être faire un film en mélangeant les photos et les images ?... Bisous, je te passe Lola...*
> *Allô ! Papa... Bon anniversaire... et aussi de la part de Team... Embrasse tout le monde... Nous ?... On va chez des copains ce soir... Tchou !*

Cet appel m'a fait particulièrement chaud au cœur, je vais déguster mon repas d'anniversaire en toute quiétude. J'ai commandé du riz gras avec une daurade grillée. Pas mal, non ? Annie salive devant une simple omelette accompagnée de haricots. Elle intercepte Koffi, le jeune et beau restaurateur, pour lui demander la signification de tous ces drapeaux rouges attachés autour des poteaux électriques disséminés un peu partout dans la ville.

– Nous avons un petit problème à Abomey, raconte Koffi en déposant délicatement les assiettes entre nos couverts. Il y a deux rois actuellement et ça, ça ne va pas.

– Le roi existe toujours ?

– Oui, nous avons même deux prétendants : le roi Agoli-Ago et le roi Behanzin Houédogni. Les deux lignées royales doivent se mettre d'accord pour choisir l'unique héritier du trône.

Les drapeaux rouges, je le suppose, resteront ficelés jusqu'à l'intronisation d'un roi. Koffi m'apporte une bière, Léo finit son poulet frit.

Annie doit s'attendre à une longue journée de conduite. Plus de 400 kilomètres séparent Abomey de Natitingou, notre ville étape. La route longe le Togo, elle est toute belle. Le bruit de la roue droite se fait sournois mais il est là, je l'entends, toc… toc… Entre les villes, les *zems* ne sont plus les rois du macadam, détrônés par des bus aux allures véhémentes. Sur des centaines de mètres, des piments et des rondelles d'ignames se dessèchent sous un soleil ardent. Seuls des étals en bois surchargés de sacs de manioc viennent interrompre la scène avec cette pancarte : « Maman Nicole, dit Molo Molo. » Aux abords de certains villages, les autochtones tirent une corde à travers la route avec l'inscription : « C'est pour votre sécurité. » À notre approche, la corde s'abaisse pour nous laisser passer.

– Bizarre, juge Léo.

– Plutôt.

La végétation se désertifie lentement, au fur et à mesure de notre montée du pays. Les collines apparaissent. Nous traversons Bassila puis Djougou pour arriver à Natitingou, ville située à 400 mètres d'altitude. Il a plu, abondamment, semble-t-il, car les rues regorgent d'eau.

Le parking du plus luxueux hôtel de Natitingou fera un bon bivouac. Le Tata Somba nous demande quatre euros. *Tata*… Le *tata* est la maison des Somba, une communauté animiste. Annie a la folle envie de voir l'un des villages nichés à la frontière du Togo. Nous étudions l'idée à la buvette Le Marigot. Beaucoup de monde au Marigot et de la musique, c'est dimanche. Léo récupère les capsules de bouteille, il en fait la collection. Pourquoi pas ! Certains soirs, dans le camping-car, il forme des équipes de foot de sept petits couvercles en métal.

– Il me manque des noires.

– Ce n'est pas un problème, mon Babou.

La capsule dont parle Léo est celle de la bière brune, celle qui… protège du paludisme. Face à la buvette, des restaurateurs ambulants proposent des brochettes de chèvre et des beignets de haricots. Parfait pour le dîner.

Annie se renseigne à la réception de l'hôtel sur l'opportunité d'aller dans un village somba, mais aussi, sur le parc Pendjari, la réserve naturelle de l'Afrique de l'Ouest. Celui-ci est fermé et n'ouvrira pas avant le 15 décembre. Par contre, le premier village somba se trouve à 20 kilomètres d'ici. Très bien.

Dans une fraîcheur toute relative, nous regardons sur le petit lecteur de DVD, un film sur la vie du Che, le Thomas Sankara sud-américain. Ce soir, nous entendons à nouveau le chant du muezzin.

Nous avons mal dormi. Beaucoup de musique dans l'hôtel, c'était dimanche. Annie roule sur une piste rouge praticable malgré les pluies de ces derniers jours. Elle se sent à l'aise, rien à voir avec les routes picorées par les trous. À l'approche du village, un minibus de touristes italiens nous double pour s'arrêter un peu plus loin. Le guide, un Nigérien, et les passagers nous acceptent dans leur groupe. Le hameau est dissimulé dans les champs, on ne l'aperçoit pas de la piste. Après une petite marche à travers les hautes tiges de millet et les baobabs, nous arrivons devant un véritable château miniature construit en banco.

Le *tata* somba est une sorte de ferme fortifiée bâtie sur un étage. Celle-ci est constituée de quatre tours reliées entre elles par un mur, le tout décoré par des sillons creusés du bout des doigts.

– Nous construisons nos maisons avec un étage pour nous protéger des animaux et des ennemis, nous explique un habitant.

Selon ce brave homme, les *tata* sont éloignés les uns des autres de manière à ce qu'aucune flèche tirée d'une terrasse voisine ne puisse atteindre une habitation. À l'entrée du château sont accrochés des crânes et des ossements d'animaux – je ne sais lesquels – censés protéger l'habitation des mauvais esprits. On y trouve aussi un petit autel pour les cérémonies dédiées à une divinité vaudoue.

Nous pénétrons à l'intérieur d'un *tata* par une des tours. Au rez-de-chaussée se trouvent la cuisine et les animaux : poules, cochons… À l'aide d'une poutre à encoches, nous montons à l'étage. Léo grimpe le premier, il apprécie la visite. En haut, la terrasse servira à sécher les récoltes et les tours accueillent les petites chambres des enfants. Elles sont surmontées d'un grenier coiffé d'un toit pointu en paille. Léo escalade la seconde poutre à encoches pour nous décrire le contenu des greniers.

– Alors, il y a quoi ?

– Mais je ne sais pas, me répond Léo en descendant du grenier. Des grains sûrement.

– Des grains de maïs, de millet ?

– Je ne sais pas.

Nous sortons. Un petit garçon, nu, exhibe une souris en la tenant par la queue. Jusqu'en 1970, les Somba vivaient nus. Un homme se positionne devant une tour et soulève son T-shirt laissant apparaître des scarifications.

– Vous voyez son corps, nous montre le guide, il a les mêmes stries que la tour. Cela prouve qu'il est le propriétaire.

– Tu as vu Léo ?

– Mais oui.

Le guide nigérien nous emmène plus loin, dans une école. Quatre-vingts élèves occupent une classe, trente, plus grands, une autre. Mais d'où viennent-ils ? « De tous les villages avoisinants », atteste l'instituteur. Annie lui offre une ramette de papier, des stylos et des crayons, tout plein de crayons.

Avant de quitter le village, je laisse 2 000 francs CFA au chef, c'est la coutume, et j'achète la pipe traditionnelle en peau de hérisson, c'est la coutume aussi.

– On l'offrira à Popo.

– Ah non ! s'insurge à nouveau Léo. Il a déjà les masques et les photos de Grand-Popo.

– On verra.

– Cela fait un peu zoo, cette visite, dénonce Annie. Enfin, il fallait voir ces *tata*, ils sont uniques au monde.

Nous revenons à Natitingou faire le plein de carburant avant de partir pour le Burkina Faso. Un transit éclair avant de rejoindre le Niger.

Le Niger

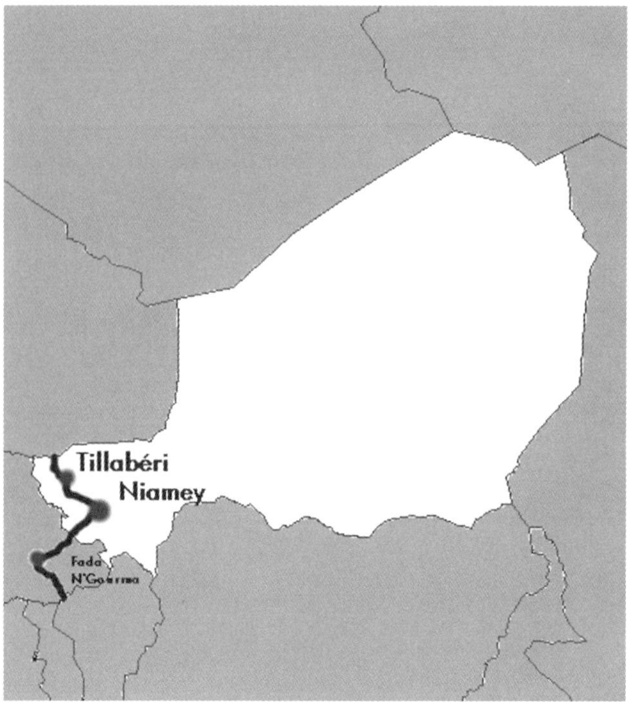

9

« Ce n'est pas parce que le mouton n'a pas de dents que tu mettras ta main dans sa bouche. »
Sagesse nigérienne.

Et

« Il vaut mieux boire de l'eau tiède que mourir de soif. »
Autre sagesse nigérienne.

La savane réapparaît après le passage de la chaîne montagneuse de l'Atakora dont le sommet s'élève à 658 mètres au-dessus du niveau de la mer. Exit la végétation exubérante. Nous sortons du Bénin en un temps record pour franchir la rivière Pendjari. Elle prend sa source dans le massif de l'Atakora et finit son long chemin pour se jeter dans le lac Volta au Ghana. En langue gourmantché, Pendjari signifie « la grande rivière ». Le Gourmantché, l'un des plus grands territoires du Burkina, s'étire autour de Fada N'Gourma jusqu'au nord du Togo, du Bénin et au sud-ouest du Niger. Il nous faut rouler encore une bonne vingtaine de kilomètres pour la douane burkinabée. Nous remplissons les formalités d'entrée. Rapide là aussi.

Revoilà donc le Burkina Faso avec ses troupeaux de zébus déshydratés, ses charrettes tirées par des ânes fatigués et ses coupeurs de route. Nous traversons Tindangou puis Pama, l'ancienne capitale du royaume de Gourmantché créée par Diaba Lompo, le premier roi. Un jour, il est descendu des nuages sur son cheval volant pour se poser ici, dans ces lieux.

– C'est aussi une légende ? s'assure Léo.

– Oui, sinon il serait descendu en camping-car.

– Les Gourmantché sont animistes et pratiquent la géomancie, nous lance Annie, devenue définitivement une ethnologue confirmée.

Et devant notre vif étonnement, elle nous donne de plus amples informations sur cette technique divinatoire car, pour Léo et moi la géomancie est un vague mot tombé du ciel.

– Vous lancez des pierres sur un sol plat, explique Annie, et le devin prédit l'avenir dans les figures ainsi formées.

– Ça marche avec des capsules de bière ? demande Léo.

– Et en lançant des maillots de foot ?

– Par contre, poursuit notre garçon, si on lançait une bombe atomique, je pourrais lire l'avenir.

– Moquez-vous de moi ! lance Annie comme pour conclure cette conversation ridicule.

Il est tard. Nous poursuivons notre chemin pour arriver à Fada N'Gourma avant la tombée de la nuit. La ville de 35 000 habitants – réputée pour son miel noir – est un carrefour important sur les routes de Ouagadougou, du Niger et des parcs naturels mais je n'y trouve aucun distributeur automatique de billets. Dans une banque, je change alors quelques euros, de quoi tenir jusqu'à Niamey et de quoi satisfaire les éventuels coupeurs de route. Nous avons aussi les pires difficultés à dénicher un petit emplacement pour le bivouac. Le seul hôtel indiqué sur notre guide possède un parking mais le prix est cher, très cher, trop cher… Je pense avoir trouvé dans un vieil établissement déglingué mais l'ambiance louche et sordide n'inspire guère ma tendre compagne.

– Tout est pourri, il n'y a pas d'électricité et le patron est complètement ivre.

– La ville viendra mettre l'électricité dans une heure, bafouille celui-ci.

Cette fois-ci, Annie me trouve limite dans ce choix et m'en veut. Nous parcourons les quatre coins de la ville. La police ne souhaite pas voir un camping-car près de chez elle et nous indique des endroits trop isolés au goût d'Annie. Et la station-service, celle située sur la route de Ouaga ? Elle est petite. Sonia, la pompiste, nous souhaite la bienvenue.

– Mettez-vous où ça vous chante, me conseille-t-elle.

– Pas beaucoup de place.

– Non, ce n'est pas petit, me répond la jeune femme toute fière dans sa belle tenue rouge. Et vous ne serez pas seuls car la police ferme la route à partir de 20 heures.

– Hum, hum… à cause des coupeurs de route.

– Il y a souvent des attaques dans le coin. L'autre jour, des commerçants qui revenaient du marché, là-bas, à 15 kilomètres d'ici, ont été dépouillés. Pourtant le gouvernement vient d'acheter deux hélicoptères « traqueurs de bandits » mais on ne les voit jamais.

C'est vraiment petit. On s'y mettra faute de mieux. Je continue néanmoins les recherches, pour finalement trouver le campement dans une mission protestante, tout proche de la station-service. Plusieurs familles habitent dans des bungalows parsemés par-ci, par-là dans le parc ombragé. Elles viennent d'Australie, de Nouvelle-Zélande. Robert nous reçoit avec toute l'hospitalité d'un pasteur attentionné.

– Nous organisons un colloque, raconte Robert dans un français approximatif, alors il y a un peu de monde.

– Nous avons l'habitude, lui dit Annie. Merci pour votre accueil.

– Mais attention, pas de cigarettes, pas d'alcool.

– *Of course !*

Nous allons être bien. Je pars pour le centre-ville. Annie m'a demandé de rapporter des brochettes, elle en a une envie terrible. Une chose est sûre, les casseroles, poêles et autres ustensiles de cuisine ne servent à rien dans ce voyage...

La nuit fut douce, ni bruit ni grosse chaleur. Robert nous ouvre le portail et nous le remercions avant de le saluer. Pour rejoindre la frontière nigérienne, la police régionale organise des convois. Ils partent toutes les trois heures : 6 heures, 9 heures, 12 heures… et je ne sais plus. Mais il nous est impossible de suivre un cortège de véhicules encadré par des hommes armés dont la vitesse imposée est beaucoup trop excessive pour notre vieux camping-car. Dans la plupart des cas, nous décidons de partir seuls, comme nous le faisons ce matin. Je me souviens, lors de nos précédents périples, du long convoyage organisé par les militaires égyptiens entre Safaga et Louxor. Devant notre faible allure, les soldats avaient détaché un véhicule spécialement pour le camping-car. Nous avons connu aussi l'escorte au Guatemala et au Baloutchistan iranien. Au nord du Kenya, sur la terrible piste de Moyale pleine de bandits, toujours pour les mêmes raisons, nous avions refusé de suivre les camions militaires. Donc, encore une fois, nous voilà seuls.

– On ne risque vraiment rien ? nous demande Léo.

Serait-il inquiet ?

– Normalement, lui répond Annie sûre d'elle, les bandits agissent à la tombée de la nuit.

– Mais alors pourquoi les policiers sont-ils à chaque croisement ?

Pour notre sécurité, nous subissons plusieurs contrôles. La police est omniprésente et le camping-car croise plusieurs convois de bus filant à vive allure. Si Annie roule a une vitesse réduite cela n'enraie pas le problématique toc… toc… Dès notre arrivée à Niamey, il nous faudra absolument montrer cette roue à un garagiste, ils sont tous compétents en Afrique. Il n'est pas question de poursuivre notre périple sans avoir vaincu le mal dont est atteinte notre maison roulante. Ça commence à nous empoisonner sérieusement la vie.

Nous arrivons à la frontière sans avoir croisé les illustres bandits armés de kalachnikov. Le visa de l'Entente est pratique et les formalités sont vite expédiées. Comme dans tous les pays de la CEDEAO, nous achetons un passavant, pour 3 920 francs CFA ici. Une fois de plus, nous avançons d'une heure.

– On les appelle comment les habitants du Niger ? se demande Annie. Des Nigériens ou des Nigérians ?

– Ce sont des Nigériens. Les Nigérians sont les habitants du Nigeria.

Surveillés par des enfants assoiffés, les sempiternels troupeaux de zébus et de chèvres s'étirent le long de la route. Les maisons sont faites de briques de terre ou de paille. Le Niger est l'un des pays les plus pauvres du monde et, comme si cela ne suffisait pas, il souffre de la menace terroriste. Après les bandits de grand chemin, nous devons maintenant affronter les dangers liés aux djihadistes de l'Aqmi, Al-Qaïda au Maghreb islamique. Leur zone d'activité s'étend sur une grande partie du Sahel : Niger, nord du Mali et est de la Mauritanie.

La capitale du Niger, Niamey, s'est développée rapidement sur les rivages du fleuve Niger. En moins d'un siècle, elle a vu sa population passer de 2 000 à 800 000 habitants. La ville n'est pas très propre. Certains endroits servent visiblement de décharge et des milliers de sacs plastiques tapissent un sol poussiéreux ou s'agrippent aux branches des arbres. À chaque feu de signalisation, des mendiants ou des handicapés demandent l'aumône mais sans trop insister.

La fluidité de la circulation permet à Léo de nous mener avec succès au Camping Touristique situé sur le boulevard des Sy-et-Mamar. Annie demande l'électricité. Si sa réserve d'injections diminue, elle a toujours besoin d'un stockage au frais. Contre toute attente, l'homme d'entretien s'y emploie immédiatement.

L'endroit est sableux, peu ombragé. Le bar et le restaurant attirent beaucoup de monde et c'est auquel des deux crachera le plus de décibels.

– On ne va pas dormir beaucoup cette nuit.

Voilà une bonne remarque, mon fils, une très bonne remarque.

Ce matin, le thermomètre indique 26 degrés. Un record de basse température. De concert, nous décidons de changer de lieu pour nos nuitées. Vraiment trop de bruit cette nuit, Léo avait raison. Mais avant de partir, je fais le plein d'eau et les vidanges. L'autre partie de la famille se dirige vers un cybercafé.

> *Bonjour les filles.*
> *Bravo Loulou pour ton code ! Nous sommes tous fiers de toi, félicitations. En même temps, me dit Léo, ce n'est que le code et il te reste la conduite mais nous avons confiance en toi.*
> *Nous sommes au Niger, à Niamey. On va changer de bivouac car hier on a eu de la musique jusqu'à 2 heures du matin. Vous savez, les Africains aiment la musique, la danse, le bruit... et ils adorent rigoler, se moquer... C'est ça l'Afrique !*
> *On ne sait pas trop ce que sera la suite du voyage. Pour rejoindre le Mali, soit on repasse au Burkina, soit on passe par Tillabéri puis Gao. On va se renseigner au consulat sur les risques encourus.*
> *On vous embrasse bien fort. Maman.*

Pour ne pas inquiéter les filles, Annie a omis de parler des risques liés à Al-Qaïda.

Nous passons donc au consulat de France. À l'accueil, on nous déconseille de prendre la route de Tillabéri et de nous rendre à Gao. Mais pas formellement. Depuis plusieurs années, les enlèvements et les assassinats crapuleux sont monnaie courante dans cette région. On nous donne néanmoins cinq conseils : faire le trajet d'une traite, ne pas rouler de nuit, ne jamais s'arrêter, ne pas quitter le goudron et ne jamais prendre d'autostoppeurs. Puis, on nous donne l'adresse d'un garage tenu par un Français, la Oil Libya Station se trouve sur le boulevard de la Liberté.

– Que fait-on ? me demande Annie en proie aux doutes.

– On va au garage.

– Mais non ! Pour la suite du voyage, que fait-on ?

– Le Burkina ! lance Léo. On retourne au Burkina.

– Le consulat n'a pas été négatif sinon il ne nous aurait donné aucun conseil.

Pour me convaincre, Annie énonce une sagesse nigérienne : « Évite certains défis qui ne t'apportent rien. » Ce à quoi je rétorque :

– Mais une autre suggère : « Dans la vie, on gagne à être brave en prenant des risques, plutôt que de ne rien tenter par peur. »

– Vous allez continuer longtemps avec vos sagesses ? se soucie Léo.

Encore une fois, Babou joue le rôle de copilote. Il est facile de se diriger dans les villes quadrillées d'Afrique. Seule Le Caire, la capitale égyptienne, est une véritable horreur. Notre fils nous fait passer par l'avenue du Zarmaganda, demande à sa mère de prendre à gauche le boulevard de l'Indépendance puis la première à droite et tout de suite à gauche. Nous sommes sur le boulevard de la Liberté, la Oil Libya Station se trouve là, face à l'hôtel Ténéré.

Gilbert nous reçoit avec courtoisie et met aussitôt Salou dessus, plutôt dessous le camping-car. Pas de doute pour lui, le toc… toc… provient d'un silentbloc usé. Ce bloc caoutchouteux a pour rôle d'absorber les vibrations et les bruits. Je ne comprends rien, pour moi, tout ça c'est du charabia. Après une recherche dans la ville pour récupérer une pièce neuve, Salou termine le travail. À la grande joie d'Annie, le toc… toc… a disparu à tout jamais. Nous payons 15 000 francs CFA.

Gilbert vit au Niger depuis trente-deux ans et connaît parfaitement la route de Gao. Un jour, accompagné de son fils, alors qu'ils déjeunaient sur le bord du fleuve tout proche de Tillabéri, ils furent attaqués par des voleurs et ont essuyé des coups de feu. Aujourd'hui, il n'emprunte plus cette direction.

– Dommage ! s'attriste notre garagiste en ramassant les billets de francs CFA. Les abords du Niger sont splendides.

Salou est plus optimiste.

– La région de Gao est contrôlée par les armées américaines, algériennes et françaises, explique-t-il. Elles combattent les terroristes et le trafic de drogue.

Je change de sujet.

– Connaissez-vous un endroit calme pour passer la nuit ?

– Non… je ne vois pas, réfléchit Gilbert en comptant les billets. Essayez le Grand Hôtel ou l'hôtel Gaweye. Ils sont proches du pont Kennedy.

Nous prenons congé de nos mécaniciens surdoués pour sillonner le centre-ville et les alentours du pont Kennedy. Par hasard, nous tombons sur un petit hôtel, face à l'Information Touristique et proche du Grand Hôtel. Avec sa cour couverte d'ombrages, ses douches, ses toilettes indépendantes, son électricité, il est parfait.

La chaleur devient assommante voire insupportable. Malgré une utilisation peu pratique, les petites poches d'eau vendues sur le trottoir étanchent notre soif. Mes deux amours décident de visiter le Musée national. Ils en reviennent contrariés. Seuls deux pavillons étaient ouverts et les animaux enfermés dans des cages sordides les ont écœurés. Grosse déception !

– Allons voir les chauves-souris, propose Léo.

– Des chauves-souris ?

– Oui, il y en a plein dans l'avenue de la Mairie, précise-t-il avec sérieux.

Nous suivons notre fils, l'avenue de la Mairie est toute proche du Musée national. Léo avait raison – il l'avait lu dans notre guide –, elles sont là, énormes, milliers de mammifères volants suspendus comme des grappes aux branches des nombreux arbres. Certaines dorment, d'autres poussent de petits cris aigus, elles grincent.

Maintenant, Léo a faim et nous, envie d'une bonne bière fraîche. À côté de l'Information Touristique, face à notre bivouac, un bar propose des plats simples et alléchants. On s'installe à la terrasse sous un margousier. À la nuit tombée, les chauves-souris envahissent le ciel étoilé. Certaines laissent échapper de belles fientes désagréables quand elles tombent sur notre table basse. Comme Léo, nous commandons deux merguez frites. Les nombreuses tables sont toutes occupées, une classe moyenne existe au Niger mais pas assez importante pour qu'une vraie démocratie voit le jour. Le pays reste instable. Nous l'apprendrons à notre retour, le président Mamadou Tandja sera renversé par l'armée. Plus tard, cinq Français salariés d'Areva seront enlevés et, surtout, deux jeunes seront abattus lors d'un enlèvement commandité par Al-Qaïda.

Nous prenons un deuxième verre.

Un jeune homme, Djebo, vient nous soumettre une idée de balade fluviale. Il est guide et voudrait nous organiser pour le lendemain une excursion en pirogue, à l'heure où le soleil disparaît. Sûr, nous verrons des hippopotames. Léo est enthousiaste à l'idée de glisser sur l'eau autour de ces mammifères à l'apparence beaucoup plus lourde et compacte que les pauvres chauves-souris mais elles, elles peuvent voler. On s'accorde sur le prix.

Dans le camping-car, la température stagne à 34 degrés. Léo écoute de la musique. Pour la suite du voyage, aucune décision n'a été arrêtée. Quelle route allons-nous prendre ? Celle de Gao comme je le préconise ou devrions-nous rebrousser chemin comme le suggèrent Annie et Léo ? En étudiant la carte, le parcours de la seconde solution est plus long et n'évite pas les coupeurs de route. La première idée nous permettrait de connaître la cité mythique de Gao. Nous avons encore du temps devant nous pour choisir. Demain, je passerai à la Sûreté et au consulat du Mali, leurs avis pourraient nous éclairer.

Au consulat du Mali, ils sont rassurants. Selon eux, la route est sécurisée. J'entends le même discours à la Sûreté : « Vous pouvez y aller, les problèmes ont disparu maintenant » m'assure un gradé. Ces visites me confortent dans mon idée. Assis autour de la grande dînette, nous prenons d'une même voix la décision ferme et définitive de poursuivre notre chemin en longeant le fleuve Niger jusqu'à Gao.

Djebo nous récupérera à 17 heures. J'ai donc largement le temps de chercher le maillot du Niger. D'après Léo, il doit être vert ou orange. Il va être difficile à trouver car l'équipe nationale est loin d'être au top et sa tenue séduit peu les jeunes. Ils préfèrent porter celle du Barça, du Milan ou de Manchester. Le petit marché de l'avenue de la Mairie offre un large choix de fruits et de légumes mais pas de maillots. Guidé par les dires des commerçants, je me rends au grand marché situé sur le boulevard de la Liberté. J'arpente les entrailles d'un bazar recouvert de toiles décolorées. Les camelots se démènent pour dégoter le Graal vert ou orange, une quête inutile, le maillot reste introuvable. Le magasin face au stade du général Kountché pourrait en avoir mais il est désespérément fermé. Je n'ai plus le temps de poursuivre mes recherches, Djebo va bientôt venir.

– Désolé fiston, pas de maillot.

– En même temps, le Niger n'a pas une grande équipe.

Voilà notre guide. La pirogue nous attend devant l'hôtel Gaweye. L'embarcation est simple. La pagaie à la main,

Djebo va nous mener lentement à la rencontre des hippopotames du fleuve. Léo s'assoit devant. Une boîte jaune est attachée à son banc. Léo va vite comprendre son utilité : la pirogue fuit et mon brave garçon doit écoper, encore et toujours. De temps en temps, je le remplace mais je dois prendre des photos.

Au fur et à mesure de notre avancée, l'astre solaire rougit et semble s'éclipser. Parmi les aigrettes, les hérons, des enfants se lavent dans les remous du fleuve sans crainte et sans reproche car les mamans sont là pour une dernière lessive. Nous passons devant l'imposant palais présidentiel et à l'approche d'un îlot, des blocs marron surgissent de l'eau. Deux grands et deux petits.

– Regardez ! s'exclame Djebo en les pointant du doigt.

– Tu les vois Léo ? Arrête d'écoper !

– Si j'arrête, on coule.

Je récupère la boîte jaune. La pirogue caresse l'eau du fleuve pour s'approcher des corps massifs. Nous sommes à 20 mètres, à peine. L'hippopotame est l'animal le plus dangereux d'Afrique et dès l'âge adulte, il ne connaît plus de prédateur. N'ayant pas de poils pour se protéger du soleil, le monstre aquatique doit rester sous l'eau toute la journée. La fin de soirée est donc le meilleur moment pour les immortaliser. Dans un silence religieux, nous observons le dos des quatre mastodontes quand la grosse tête d'un adulte avec ses petites oreilles ridicules sort de l'eau. Il ouvre sa gueule. Moment magique. L'écartement des mâchoires impressionne et laisse apparaître de longues canines. J'ai le temps de mitrailler la bête alors que l'eau monte dans la pirogue. Le soleil devenu rouge éclatant affleure l'horizon pour disparaître rapidement. Mon fils est heureux.

– Tu vois Léo, le soleil ne bouge pas, c'est la terre qui tourne.

– Je sais et j'ai l'impression qu'elle tourne vite.

– On fera une partie de Mémoire 44 ce soir ?

– D'accord !

Avant la partie, nous prenons un verre à notre bar habituel. La serveuse nous apporte un soda, deux bières et de la glace – Annie adore mettre un glaçon dans sa bière – et je suis attiré par son plateau jaune, à l'effigie de la Flag. La patronne décide de me l'offrir. Je me lève aussitôt et l'embrasse par deux fois devant un parterre de clients hilares.

Pendant notre voyage, nous avons reçu de nombreux cadeaux de la part des autochtones. De notre côté, nous laissons toujours une pièce pour un service rendu, quand une personne nous mène dans un lieu improbable, par exemple. Quand je photographie un commerçant, je lui achète forcément un de ses produits. Normal ! Nous sommes étonnés par le nombre insignifiant de vols dans cette région d'une pauvreté extrême et nous n'oublions jamais que notre budget journalier dépasse souvent celui, mensuel, d'une famille africaine.

Lors de nos conférences, plusieurs personnes ont soulevé la problématique du camping-car et de l'image d'opulence qu'il véhicule. Les Africains connaissent le niveau de vie des Occidentaux et cela ne les gêne pas de croiser des Européens au volant de beaux engins. Par contre, ils sont étonnés lorsqu'ils les voient voyager à pied ou à bicyclette, leurs moyens de transport, celui des indigents.

Nous sommes prêts. Nous partons, peut-être avec un brin d'inquiétude. Nous retrouvons le boulevard des Sy-et-Mamar et les premiers barrages.

– Peut-on y aller en toute quiétude ?

– Oui, c'est sécurisé, nous assènent les policiers.

Des bruits circulent sur ces hommes assermentés : certains d'entre eux seraient complices des terroristes mais ça, j'ai omis d'en parler à Annie. Quelques autostoppeurs se trouvent sur le bord de la route mais nous suivons scrupuleusement les consignes du consulat français.

Requinqué, le camping-car trace sa route sur un ruban de goudron en parfait état. D'immenses troupeaux de moutons, chèvres, zébus et dromadaires, toujours gardés par des enfants peuls ou touareg, s'abreuvent dans le superbe fleuve Niger. C'est magnifique, vraiment ! Annie reste concentrée car ces animaux traversent la route sans prévenir. Les femmes voilées d'un long foulard vert, bleu, jaune, blanc, rouge... égaient les villages isolés et sablonneux. Nous traversons Tillabéri où l'année passée un touriste fut tué.

Après 237 kilomètres, nous arrivons à la frontière avec un certain soulagement. Elle est totalement isolée. Une corde tendue entre deux gros bidons d'huile de moteur stoppe les véhicules. À droite, une petite cahute. C'est l'immigration. La frontière malienne se trouve à 30 kilomètres. Dans le *no man's land*, un petit incident va se produire. Le danger n'est pas venu des terroristes mais d'un de ces animaux chers aux peuples nomades : le mouton. Mal attaché sur le toit d'une vieille voiture venant en sens inverse, il tombe et roule sur plusieurs mètres pour s'arrêter devant les roues du camping-car. Annie freine brusquement, essaie de l'éviter. Une des roues écrase la corne.

– Ne t'arrête pas.

– Sûr ?

Il faut suivre scrupuleusement les consignes du consulat français. Je lance des regards dans le rétroviseur et je vois l'animal bouger. La vieille voiture s'arrête, fait marche arrière et le mouton est récupéré par son propriétaire. Mon regard ne décroche pas du rétro, la vieille voiture ne semble pas nous suivre. Ouf ! Dans deux semaines, les musulmans fêteront Tabaski, l'Aïd el-Kébir, la fête du mouton. Chaque année, de nombreuses familles se ruinent pour l'achat d'un beau spécimen dont les prix flambent plusieurs jours avant. Nous connaissons l'importance de l'animal et la mort de celui tombé devant le camping-car aurait déclenché un véritable drame. Le mouton doit être égorgé vif. Alors, ouf !

Le Mali

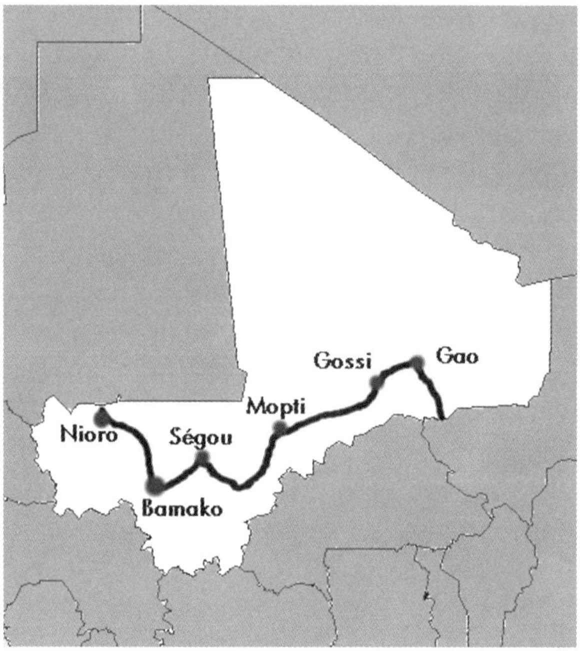

10

« Si le baobab existe encore de nos jours,
c'est qu'il n'a pas cherché à résister aux vents. »
Sagesse malienne.

Police. Gendarmerie. Douane. Police à nouveau. Les bâtiments sont complètement isolés, éparpillés, perdus dans la savane. Je donne 5 000 francs CFA pour le passavant. Il est 11 h 50, dix minutes de plus et le prix aurait doublé pour heures supplémentaires. Pourquoi pas !

Nous en sommes conscients, le danger plane aussi de ce côté de la frontière.

Le Sahel réapparaît. Le Sahara, au nord, et la savane, au sud, s'unissent ici en une bande de terre semi-désertique qui s'étend du Sénégal au Soudan. Si les abords du fleuve Niger sont verdoyants – véritables oasis pour les éleveurs touareg et leurs troupeaux – le sable menace. Voyez comme ils sont beaux et fiers ces nomades sur leur dromadaire, le visage enveloppé dans un chèche bleu indigo ! Les femmes, elles, ne sont pas voilées et arborent de beaux bijoux.

Les Touareg ne sont pas la seule ethnie à vivre dans cette région isolée et austère. Gao, une ville millénaire, fut la capitale des Songhaï dont l'empire s'étendait jusqu'au

Sénégal. Ce peuple, tourné vers l'agriculture, vit le long du fleuve jusqu'aux environs de Tombouctou. Dans les années 1990, des conflits destructeurs ont opposé les hommes du fleuve et les hommes du désert et gangrené la région. Aujourd'hui, les rebelles touareg semblent avoir déposé les armes pour intégrer un processus de paix. Mais Gao subit une nouvelle guerre des sables, celle contre l'Aqmi et la mafia, une guerre qui anéantit tout développement touristique dans la région.

Depuis deux ans, les enlèvements d'Occidentaux sont réguliers et, il y a deux ou trois semaines, la police malienne a retrouvé un Boeing calciné, à 15 kilomètres de Gao. L'avion en provenance du Venezuela venait de livrer 10 tonnes de cocaïne et divers autres produits prohibés. Selon les journaux locaux, l'engin volant s'est écrasé après un décollage raté. Pour ne laisser aucune trace, les trafiquants ont préféré incendier l'avion. L'enquête révélera que « l'appareil affrété par un cartel sud-américain avait fait escale en Guinée-Bissau ». L'Afrique de l'Ouest est devenue une plaque tournante de la drogue, un centre de transit pour les marchés européens. Les sacs de cocaïne voyageront sur des pirogues.

– Mais que fait-on ici ? se demande Léo.

– C'était ça ou les coupeurs de route ! ironise sa maman.

Une merveilleuse sensation m'étreint quand le camping-car pénètre dans Gao, celle d'arriver au « bout du monde ». Annie et Léo n'ont pas la même perception. Ici, on ne voit rien mais on ressent les choses et cette étrange atmosphère les dérange. Pour eux, c'est une impression de « fin de monde » qui déprécie cet endroit trop isolé.

Moins mythique que Tombouctou, Gao est néanmoins une ville plus ancienne. Elle fut fondée au VIIe siècle par des pêcheurs pour devenir une des portes sur le monde noir, un important carrefour commercial sur la route transafricaine des caravanes. Elle disparut au début du XXe siècle. Aujourd'hui, reconstruite, la ville souffre de l'avancée du désert. Les rues sablonneuses et les quelques avenues goudronnées quadrillent parfaitement la cité comme dans toutes villes coloniales. Les campements de nomades se mélangent aux basses maisons de terre, le temps est suspendu comme agrippé aux branches des margousiers. Vraiment, nous sommes au bout du monde.

Des habitants enturbannés avec délicatesse nous indiquent un campement susceptible de nous recevoir. C'est petit mais ça ira. Un groupe d'étudiants y est installé et nous devenons la curiosité de la journée. Certains nous interrogent sur le but de notre voyage, d'autres s'amusent à reconnaître, à travers les autocollants collés derrière le camping-car, les pays visités. Ces drapeaux adhésifs ne sont pas les fruits d'un égocentrisme mal placé mais simplement un résumé imagé de notre vie qui invite à la conversation. Il est bien agréable de perdre son temps en palabres. Oui, j'apprécie ces moments parfois absurdes, souvent cocasses où deux individus osent dialoguer sans comprendre un seul mot et se perdent dans des sons inconnus. Pourquoi apprendrais-je l'anglais, l'espéranto ou la langue locale puisque le langage des mains et le temps sont là pour m'aider ?

– Alors, me reproche Léo, pourquoi m'obliges-tu à étudier le latin, l'anglais et l'espagnol ?

Et sans connaître le tamasheq – langue des Touareg pratiquée par le gérant du campement –, j'ai compris que je devrai payer une taxe touristique de 1 500 francs CFA…

Il est facile de s'orienter dans l'ancienne cité-État dont il ne reste plus grand-chose. Pour rejoindre le port, nous empruntons l'avenue de l'Aéroport et croisons plusieurs Humvee, les véhicules tout-terrain emblématiques de l'armée américaine. Sa présence est bien réelle. Et les Français ? Nous en voyons deux, installés dans un bar sirotant, comme nous, une bière loin d'être fraîche. Pas franchement sympas ces Français. Un signe de la tête pour dire bonjour et c'est tout. Sont-ils militaires ? Des hommes de la Direction générale de la sécurité extérieure ? Peu importe, ils ne sont ni inquiets ni surpris de notre présence.

Le port, sableux lui aussi, se pare de longues pirogues et de chèvres nonchalantes. Depuis la construction du pont, l'unique entre Bamako et Niamey, l'activité est au ralenti. La microéconomie des villages reposait sur le transport en pirogues des marchandises et des personnes d'une rive à l'autre. Les restaurateurs, les vendeurs en tout genre, les piroguiers… se retrouvent aujourd'hui sans travail. Mais cette œuvre cimentée permettra à Gao de récupérer sa place de « plus important carrefour commercial de la zone sahélienne ». Bien sûr, le pont a été édifié par les Chinois.

Léo aperçoit une pinasse chargée de gros sacs blancs et se demande s'ils ne sont pas bourrés de cocaïne. C'est possible, Babou, mais je n'irai pas vérifier. Je m'interroge plutôt sur l'insécurité qui règne dans la région et je me demande si elle n'a pas été instaurée pour que les trafiquants puissent travailler en toute quiétude.

Nous passons au grand marché, trouvons la place de l'Indépendance puis une mosquée avant de nous arrêter devant un obélisque. Il indique le méridien de Greenwich, Gao se trouve en effet sur la longitude zéro. Plus loin, le tombeau des Askia, construit en 1495, et sa pyramide tronquée témoignent d'un riche passé.

Le consul de France à Bamako nous avait interdit de nous rendre à Gao, alors, sous la pression de ma chérie et à mon grand désespoir, nous quittons cette ville de sable. Pour cela, nous empruntons le fameux pont qui malgré les critiques des villageois devrait booster le développement de la région. Partiellement recouvert de plantes aquatiques, le fleuve Niger nous apparaît, majestueux. Le temps s'est figé sur les villages, maisons de terre et cases de paille. Lieux magiques.

À la sortie du pont, un péage nous attend. Normal, le pont est payant comme celui de l'île de Ré. Un curieux jeune homme s'approche pour me poser une question douteuse : « Vous êtes avec la voiture devant ? » Il y a bien un 4 x 4 avec deux Blancs dedans mais pourquoi cette question ? Je lui réponds : « Peut-être ! » Je garde toujours en tête cette piste truffée de bandits au nord du Kenya. Quand on nous demandait où nous allions, je répondais toujours la direction inverse dans la crainte d'avoir en face de moi un interlocuteur complice des coupeurs de route venus de Somalie. Alors forcément, dans cette ambiance guerrière, le doute s'installe dans mon esprit – je vous rassure, un petit doute – quand le jeune termine la courte conversation par un « Ah, il n'y a pas de confirmation. » Et s'il se renseignait pour avertir d'affreux voleurs, bandits ou terroristes islamisés ? Annie et Léo n'en font aucun cas, tant mieux ! De temps en temps, je jette un œil furtif dans le rétroviseur – il aura servi ce rétro – pour m'assurer qu'aucun 4 x 4, pouvant rouler à plus de 180 kilomètres par heure, nous suit.

Rien. Nous sommes seuls sur cette route passablement cassée. Celle-ci va se dégrader au fur et à mesure de notre avancée vers l'ouest. Nos lèvres se gercent. Bizarrement, nous ne ressentons pas la soif mais nous nous efforçons de boire abondamment, surtout Léo. Dans les villages, les autochtones nous dévisagent et nous en faisons autant. Maintenant, les bergers portent des chapeaux coniques en cuir et en paille tressée. Ce sont des Peuls, des éleveurs devenus pour la plupart sédentaires. Grands, élancés, ils sont présents dans toute l'Afrique de l'Ouest et séduisent ma petite Annie. Quant à Léo, il est attiré par leur drôle de chapeau.

– On pourrait en acheter un, propose-t-il.

– C'est une bonne idée de cadeau pour Popo.

– NOOOON ! Il a déjà la pipe en peau de hérisson, les masques et les photos de Grand-Popo.

Nous traversons la région du Gourma qui abrite le sanctuaire des éléphants du Sahel. La main de l'homme et l'inéluctable avancée du désert menacent les derniers pachydermes. Nous ne les verrons pas, même à Gossi où une grande mare de 37 kilomètres de long est une oasis salvatrice pour ces énormes animaux souvent déshydratés.

Après Gossi, l'état de la route se détériore gravement et le paysage change pour devenir un merveilleux décor de western. Sur notre gauche, nous apercevons le sommet le plus haut du Mali : le Hombori Tondo s'élève à 1 155 mètres. De pittoresques villages en pierre se nichent au pied des rochers. Hombori est un gros village ou plutôt une petite ville. Quelques kilomètres plus au sud, du haut de ses 600 mètres, façonné par le vent, un rocher se termine par cinq pics comme les doigts d'une main. Voilà la « main de Fatima », la fille du prophète Mahomet. Assurément, avec ces formations rocheuses, on se croirait dans un parc de l'Ouest américain. Les falaises de la Gandamia sont grandioses. Oui, c'est magnifique, c'est *Monument Valley*…

À Douentza, nous trouvons rapidement un campement. La ville est un lieu de départ pour le pays dogon. Cela se traduit par des apostrophes exaspérantes de la part des guides et des commerçants. Ces derniers me voient venir et augmentent outrageusement les prix. La bière y est chère, « la police impose des taxes locales élevées », nous dit-on.

La nuit fut calme. Aucun bruit sinon celui des palmes d'Oscar. Nous faisons le plein d'eau et partons pour Mopti, sereins. Gao et les éventuels dangers liés au terrorisme sont derrière nous. Momentanément… La route est en cours de rénovation, les Chinois ne sont pas loin, alors Annie doit emprunter une longue déviation. Après 160 kilomètres, nous arrivons à Mopti. La ville fourmille de monde, un festival de couleurs et d'odeurs. Mopti est un port trépidant d'où les pirogues relient les villages avoisinants et les pinasses partent pour des villes plus lointaines.

– On va avoir du mal à trouver un bivouac ici, lance Léo en étudiant le plan de la ville du guide.

– Les Toulousains sont au Y a Pas de Problème, dit Annie.

Elle les a contactés par e-mail pour signaler à Pascale notre future présence à Mopti et notre amie lui a indiqué le nom de leur hôtel. Nous y passons dans l'espoir d'y trouver une place pour notre camping-car. Hélas, l'hôtel ne possède plus de parking. À l'accueil, on nous demande 10 500 francs CFA pour stationner dans une ruelle boueuse. Il y a un problème à l'hôtel Y a Pas de Problème pour demander une telle somme en échange d'un emplacement sans services sinon le droit d'utiliser la petite piscine.

– Il y a un problème à l'hôtel Y a Pas de Problème, répète Léo.

– Plutôt.

Olivier apparaît en compagnie de ses trois garçons, Pascale est partie accompagner sa mère à l'aéroport. Cela nous réjouit de les revoir.

– Nous allons chercher un campement du côté de Sévaré et on vous appelle pour dîner ensemble, leur propose Annie.

Sévaré se trouve à 12 kilomètres de Mopti, sur la nationale 6. Après trois heures de recherche intense, nous nous plaçons sur le parking du Via-Via, un campement excentré mais agréable, tout proche de la gare routière où la vie s'anime aux heures de départ et d'arrivée des bus. Plusieurs cuisinières proposent des plats chauds qui seront parfaits pour ce soir.

Les Toulousains arrivent et Olivier m'accompagne pour les achats. Nous entrons dans un bar caché derrière une balustrade en paille. Après quelques bières ingurgitées avec deux clients passionnés de football, nous rejoignons nos familles pour une petite fête de retrouvailles. Les enfants s'installent devant un groupe de musiciens locaux composé de deux tambours, d'un djembé et de deux balafons faits de lames de bois placées sur des calebasses. Léo prend des photos, plein de photos. La soirée se termine tard, très tard. Nous retrouverons nos amis demain soir à Mopti pour le coucher du soleil.

Aujourd'hui, nous visitons Mopti. Mais pas seulement. Des copains voyageurs, Céline et Gilles, nous ont demandé de remettre un cadeau à Jo, un des responsables de l'association franco-malienne Action Mopti dont les buts sont « d'améliorer les conditions de vie des habitants en axant leur travail sur la santé, l'éducation et le développement social des quartiers ». Pendant plusieurs mois, Gilles a travaillé pour cette association, aidant à la construction des pinasses.

Pour rejoindre la ville portuaire, un carrefour fluvial au confluent du Niger et du Bani, nous empruntons un minibus. « Qui ménage ses forces vivra longtemps » explique une sagesse malienne appréciée, à sa juste valeur, par notre fils. Les 12 kilomètres de route sont en fait une digue qui s'élève au-dessus d'une plaine inondable où le riz pousse. Le minibus nous dépose près du port. Une autre digue relie la nouvelle ville à la vieille, là où se trouve le siège d'Action Mopti, près du stade de football. Nous arrivons à la mosquée de Komoguel, une mosquée faite de terre, de bois et de paille comme bien d'autres au Mali. Elle date du XIXe siècle comme Mopti. Toutes les rues de la vieille ville convergent vers ce monument religieux. Pour 500 francs CFA, nous montons sur la terrasse d'une maison voisine. Une certaine harmonie règne ici. Dans les courettes ombragées des maisons en banco, de mignons bébés côtoient les chèvres blanches, les mamans préparent le repas. Nous sommes loin de l'agitation frénétique du port. Depuis la mosquée, un jeune garçon, répondant au nom de Sekou, nous suit sans prononcer un seul mot. Léo lui offre sa bouteille d'eau.

– Bravo mon fils, ton Papa est fier de toi. Tu vois, Léo, un don n'est pas seulement un acte charitable…

– Tais-toi, Papa.

Sekou lui sourit. Nous poursuivons notre chemin, en direction du stade de football et le gamin est toujours là. Léo n'aurait pas dû lui donner cette bouteille d'eau, il va nous demander de l'argent maintenant. Sekou a compris que nous recherchions le siège de l'association Action Mopti et nous y emmène. Merci mon petit, ce n'était pas évident à trouver. Notre jeune guide ne nous demande rien en retour seulement une bonne poignée de main.

Un homme enjoué nous ouvre la porte. C'est Jo.

– Bienvenue à Action Mopti, déclare-t-il tout joyeux.

Annie lui tend le cadeau de Cécile et Gilles, un beau livre. Cela tombe bien car l'un des objectifs de l'association est l'appui à la lecture.

– Nous devons favoriser l'accès au livre, nous raconte Jo, développer la lecture dans notre pays. Le Mali ne possède plus d'intellectuels, de cerveaux... Les diplômés ne lisent jamais et je mets en cause l'Éducation nationale.

Un constat amer mais révélateur d'une situation. Le siège de l'association propose un service Internet, Annie en profite pour envoyer un message à ses filles.

> *Coucou mes puces !*
> *Nous sommes de retour au Mali, à Mopti. Finalement, nous avons choisi de passer par Gao et tout s'est très bien passé. Les paysages étaient grandioses mais les Maliens sont toujours un peu collants comme souvent dans les pays touristiques.*
> *Je m'habitue à la chaleur et supporte très bien mon traitement.*
> *Nous avons revu la famille française qui voyage comme nous en Afrique.*
> *Lola, pour ta correspondante, c'est à toi de décider mais il faut faire un échange.*
> *Gros bisous à vous trois et à Team.*
> *Maman.*

– Tout va bien à Tonnay-Charente ?

– Super ! Lola veut une correspondante suédoise, me résume Annie.

– Hum, hum...

– Elle veut aller chez elle mais pas la recevoir. Je lui ai dit que ça ne marchait pas comme ça.

– Dommage, j'aurais pu l'accompagner.

– Elle veut aussi qu'on lui rapporte un bébé babouin !

Nous laissons Jo à ses occupations et lui donnons rendez-vous au Via-Via. Nous revoilà dans la ville nouvelle avec son chantier naval, son port fluvial, son marché aux potiers et tant d'autres commerces. L'effervescence agite ce quartier frénétique où plusieurs ethnies cohabitent et animent la ville. En langage peul, mopti signifierait « regroupement ». Les Dogon sont cultivateurs, les Peuls éleveurs, les Touareg artisans et les Bozos pêcheurs. Si nous sommes souvent accostés par des guides proposant leurs services, ils restent néanmoins discrets. Le long du Bani, les femmes, splendides, vêtues d'un boubou chamarré, lavent le linge puis l'étendent sur les pirogues. En face, des dizaines de moutons enfermés dans des sacs attendent paisiblement d'être hissés sur les galeries des bus. Partout, des charrettes à bras et d'autres, plus grandes, tractées par un zébu, sont utilisées pour le chargement et le déchargement des bateaux. Nous déambulons au rythme de la vie africaine sans idée précise. Le rendez-vous avec les Toulousains a été fixé au bar Bozo. Derrière celui-ci se trouve le chantier naval où des artisans, aux gestes ancestraux et précis, fabriquent les bateaux effilés.

Le soleil se fatigue et tombe lourdement dans le fleuve. Sur le Bani, les pirogues chargées de paille ou de personnes s'activent, il faut rentrer. Les pinasses à moteur s'apprêtent à quitter le port bruyant pour des destinations lointaines qui me sont inconnues. Comme le voyage doit durer plusieurs jours, les passagers s'installent sur des matelas placés sous une bâche protectrice où de larges panières en osier sont attachées solidement. Dans ce ballet féerique, le soleil disparaît enfin.

Nos amis nous ramènent au Via-Via pour une dernière bière. Cette fois, nous ne nous reverrons plus. Jo arrive sur sa mobylette. Il a peu de temps mais suffisamment pour nous expliquer ses projets autour d'un verre.

– Je suis tenté par la politique, explique-t-il. Comme on dit en Afrique, pour devenir riche il faut faire de la politique.

– C’est une sagesse africaine ? me souffle Léo.
– Non, pas tout à fait.
– Une mairie m’intéresserait, poursuit Jo. Il faut bouger les choses.

En attendant, l’homme enjoué poursuivra son travail avec les enfants en leur donnant le goût de lire dans un pays où tout se transmet oralement. Jo nous quitte.

Le produit anti-moustiques a exterminé les derniers insectes récalcitrants, nous pouvons nous coucher.

Je ne suis pas excité à l’idée de découvrir les villages dogon, des villages perchés sur l’immense falaise de Bandiagara. Toujours cette impression de zoo. Mais nous sommes si proches que cela nous paraît ridicule de rater la visite d’un ou deux villages.

Je retire au distributeur automatique de billets sis sur la nationale 6 une somme équivalent à 200 euros dont le taux de commission s’élève à 2,5 %. De l’autre côté de la route, une épicerie va me procurer une nouvelle bombe anti-moustiques indispensable dans cette région. Sévaré se situe à 65 kilomètres de Bandiagara, capitale administrative du pays dogon et repaire de guides enquiquinants. Nous installons notre camp de base dans les jardins de l’auberge Cheval blanc, un hôtel restaurant tenu par un Suisse, Patrick. Celui-ci nous conseille de nous faire accompagner par un guide. Plusieurs sont sélectionnés par l’établissement avec des prix fixes, il se porte garant. Nous lui faisons confiance et commandons deux bières et un soda. Le guide passera ce soir pour organiser la journée du lendemain.

Bandiagara est une ville paisible. Le mardi n’est pas le jour du marché mais, dans le centre de la bourgade, quelques femmes vendent des fruits et des légumes. Et du poisson grillé. Cela me tente, j’en choisis plusieurs. À côté, une autre femme propose des goyaves.

– Tu me donnes un cadeau, me demande-t-elle avec un large sourire.

– C'est plutôt à vous de me faire un cadeau, je vous ai acheté des produits !

Alors, dans un geste lyrique, la cuisinière m'offre deux poissons grillés. Je vous le disais, nous recevons plus de cadeaux de la part des autochtones que nous ne leur en offrons.

En dehors d'un palais en banco rénové et d'une mosquée, il n'y a pas grand-chose à Bandiagara. Ah si ! Pour les passionnés de médecine douce, il existe un centre de médecine traditionnelle et pour les amateurs de bière, comme moi, plusieurs bars. Finalement, je suis peu embêté par les guides. Le sac à provisions rempli – j'ai trouvé aussi de délicieux pains non salés – je rentre au bivouac.

Léo s'est renseigné, nous pouvons utiliser la piscine et jouer au minigolf. Je remporte facilement la partie. Puis, c'est la baignade. Pendant ce temps, la pauvre Annie frotte notre linge poussiéreux. Malgré ma proposition d'échanger nos activités, elle préfère jouer le rôle de Cosette.

Robert arrive. Plutôt jeune et grand, le guide applique les prix avancés par Patrick. Pour nous trois, nous devons compter 10 000 francs CFA la journée auxquels nous ajoutons 2 500 francs CFA pour son repas et 500 francs CFA de taxe touristique pour chaque village. On fixe l'heure de départ, nous irons en camping-car.

– Robert, tu es sûr que le camping-car passera ? s'inquiète Annie.

– Pas de problème.

– Robert, ce n'est pas un prénom dogon.

– En fait, j'étais doué au football et on me comparait à Roberto Baggio, l'Italien.

Quel honneur d'être comparé au plus grand joueur de tous les temps !

Ce soir, le Cheval blanc organise un concert et Patrick nous convie à participer au spectacle. Guitares, calebasses, percussions rythment la soirée. Léo est invité à jouer du tambourin puis à danser. Qu'il est timide, notre garçon ! Je n'y ai pas prêté attention mais, selon Annie, les Dogon zozotent, ils ont du mal à prononcer le « ch ».

Comme prévu, nous partons à 7 heures. Une piste rouge nous mène jusqu'à Djiguibombo. Le premier village dogon se trouve en haut de la falaise Bandiagara, une sacrée paroi de 200 kilomètres de long qui se prolonge jusqu'au Hombori Tondo par des reliefs isolés. Robert, coiffé du bonnet dogon, se présente devant le chef du village. Commencent alors d'interminables salutations.

– Bonjour ! lui lance Robert.

– Bonjour ! lui répond le chef au visage anguleux.

– Comment ça va ?

– Ça va bien.

– Comment ça va le papa ?

– Ça va bien.

– Comment ça va la maman ?

– Ça va bien.

– Comment ça va les enfants ?

– Ça va bien.

– Comment ça va la maison ?

– Ça va bien.

– Comment ça va le travail ?

– Ça va bien.

– Comment ça va les bêtes ?

– Ça va bien.

Et cela se termine par un :

– Merci ! dit Robert.

– Merci ! lui répond le chef du village.

Mais ce n'est pas fini. Le chef du village au visage anguleux lui rend la politesse.

– Comment ça va ? lui demande-t-il.

– Ça va bien.

– Comment ça va le papa ?

– Ça va bien…

Et ainsi de suite jusqu'aux remerciements de circonstance. Si l'un des parents est malade ou mort, l'interlocuteur répondra toujours « ça va bien » et, s'il le souhaite, à la fin des salutations, il pourra annoncer la nouvelle. Nous avions déjà remarqué, dans les autres pays traversés, ces salutations sans fin mais ici, dans le pays dogon, c'est le pompon ! Ce long rituel se répétera tout au long de la journée avec toutes les personnes que Robert croisera.

Le village de Djiguibombo est entouré de murs en pierre. Chaque femme ou chaque homme possède son grenier surélevé. Ici, ils sont surmontés d'un toit de paille pointu qui leur donne des allures de maison pour nains de jardin. Les greniers des femmes peuvent être divisés en quatre compartiments qui servent de stockage pour les céréales ou de coffre à bijoux. Nous montons sur le toit en terrasse d'une des maisons. Là, des piments rouges et des graines de mil sèchent avant d'être broyés à grands coups de pilon dans des mortiers en bois. Dans chaque village, il existe une « case à palabres » avec des murs surmontés d'un toit épais fait de tiges de mil. Les hommes se réunissent ici pour parler des affaires, régler les problèmes, rendre justice… et pour éviter les débordements, le plafond est bas. Ainsi, quand une personne s'emporte, elle risque de se fracasser la tête. Pas idiot ! Au fond d'une cour, une vieille femme prépare de la bière de mil. Je la goûte, reprends une calebasse puis une troisième. La saveur rappelle celle du cidre. Annie refuse de tester. Je commande deux litres de ce breuvage que je récupérerai à notre retour. La vieille femme utilise des feuilles de baobab dans la fabrication de sa bière.

Tiens, en parlant de baobab, il y en a un au milieu du village. Du haut de ses… allez, 10 mètres, il est majestueux mais sans écorce et cela interpelle Léo.

– Il n'est pas très joli comme ça.

Le baobab tient son salut à la mauvaise qualité de son bois de chauffe. En dehors de l'ombre qu'il procure, cet arbre échevelé occupe une place prépondérante dans la vie des

Africains. Robert nous dresse la liste des ressources de cet arbre.

– C'est d'abord un grand réservoir d'eau, nous explique-t-il. Par exemple, celui-ci peut contenir 5 000 litres, peut-être plus. Et puis, on utilise toutes les parties du baobab. Les feuilles et les graines pour la cuisine. Les fruits sont délicieux tout comme les fleurs. On s'en sert aussi pour la médecine traditionnelle. Vous voyez, ici on a enlevé l'écorce pour fabriquer du savon. Les cordes, les nattes sont faites à partir de la fibre. L'arbre est entièrement exploité.

Nous observons une maison bancale quand un vieillard nous demande en quoi sa demeure nous intéresse. Gêné par sa question, je balbutie ces quelques mots : « La différence, nous aimons la différence. Venez, on va vous montrer la nôtre, elle a des roues. » Non, décidément, le vieillard ne comprend pas.

Nous quittons le village, accompagnés par des enfants qui nous tiennent la main. Tout autour, des champs d'oignons. Les Dogon sont avant tout des agriculteurs. Ils cultivent aussi le mil, le sorgho, les arachides, le tabac…

Maintenant, Annie doit amorcer la descente de la paroi avec des pentes à 16 %, par un chemin pierreux, bétonné par endroits, pour atteindre la plaine et le village de Kani-Kombolé. Animistes, les Dogon sont devenus musulmans. La belle mosquée en banco de Kani-Kombolé est là pour l'attester. Pourtant, ils auraient fui le sud-ouest du Mali pour éviter l'islamisation. Leur premier refuge fut ce village aujourd'hui abandonné et encastré dans la falaise rouge qui domine Kani-Kombolé.

Quand les Dogon sont arrivés sur les lieux, un autre peuple habitait dans les maisons troglodytiques de Bandiagara : les Tellem. « Ceux qui étaient avant nous » en langue dogon. Que sont devenus ces hommes petits par la taille souvent comparés aux Pygmées ? Pour Robert, ils ont fui au Burkina Faso avant d'être anéantis, balayés par les famines et les maladies.

Nous nous dirigeons vers Teli. La piste, de plus en plus sableuse, devient impraticable pour le camping-car. Annie préfère le laisser sur le bas-côté et poursuivre les trois derniers kilomètres à pied. Un vent léger souffle, recouvrant le paysage aride de particules de poussière de sable. Ce n'est pas encore l'harmattan, ce vent chaud et sec venant du Sahara, mais ça lui ressemble et ça nous donne un aperçu de ce que sera le paysage dans un ou deux mois. Sans s'arrêter, Robert lance ses interminables salutations à chaque personne rencontrée. Nous arrivons à Teli.

Les maisons en pierre recouvertes de terre crue se fondent dans le paysage sableux de la savane. À l'entrée, des hommes emmagasinent des épis de mil dans les greniers. Plus loin, devant la petite mosquée bâtie comme toutes les autres en banco dans le pur style « soudanais », des femmes enveloppées dans un pagne coloré, broient des graines avec un long pilon. D'autres les écrasent entre deux pierres plates. Si je veux les photographier, je dois distribuer quelques pièces de 100 francs CFA.

Un chemin abrupt nous conduit à l'ancien village accroché à flanc de rocher. Cette grimpette fatigue Annie mais elle est récompensée par la formidable vue sur le nouveau village et la plaine brumeuse. Maintenant, elle se repose devant la « case à palabres ». Celle-ci est naturelle, taillée dans la roche. À côté, la maison de l'ancien *hogon*, le guide spirituel du village. La façade est peinte de motifs géométriques et symboliques comme le serpent et le crocodile. Le *hogon* est condamné à vivre seul dans sa maison sans jamais la quitter. Je comprends pourquoi il n'en reste plus beaucoup.

Les Dogon sont aussi apiculteurs et Léo l'apprend à ses dépens. Le pauvre se fait piquer par une abeille. Un peu de chaleur pourrait inhiber le venin. Annie allume une cigarette offerte par Robert et notre fils approche le bout rouge le plus près possible de l'impact.

– Alors ?

– Ça brûle !

Il se fait tard. À cause de cette vilaine abeille, Léo a l'appétit coupé. Fatiguée, Annie n'a pas faim non plus. Moi, j'ai plutôt soif et une bonne bière me ferait plaisir. Le repas de Robert étant compris dans les prestations, nous nous installons dans le campement de Teli. Il ne souhaite pas manger seul alors il partage son repas entre nous quatre malgré nos protestations. Pour avoir plus de riz et de légumes, il renonce aux morceaux de viande.

À la fin du repas, Robert nous offre le café. Ici, il se boit en trois fois. La première tasse est amère, la deuxième plus douce et la dernière sucrée. Je le répète encore une fois, nous recevons plus de cadeaux de la part des Africains que nous ne leur en faisons. Merci Roberto, j'en suis sûr maintenant, tu étais un grand joueur de football.

Pour revenir au camping-car, notre guide arrête une charrette tirée par un zébu. Son propriétaire accepte de nous conduire jusqu'à notre maison roulante. Annie négocie au mieux la remontée de la falaise rouge. Je récupère mes deux litres de bière de mil au village de Djiguibombo puis Robert nous quitte. Pour le remercier de son professionnalisme et de sa gentillesse, nous lui offrons un livre.

Annie est au lit depuis longtemps et comme Léo ne sent plus sa piqûre d'abeille, nous pouvons regarder tranquillement, entre hommes, un match de football au bar du Cheval blanc. Non, Léo, Roberto Baggio ne joue pas !

La nuit fut agitée. Pris de diarrhées et de vomissements, je n'ai pas fermé l'œil de la nuit. Léo et sa maman ont diagnostiqué, à raison, une trop grande consommation de bière de mil.

– Comme ça, dit Léo une tasse de thé à la main, tu vas perdre deux ou trois kilos.

– Il va vite les reprendre, rétorque Annie en me jetant des regards d'une extrême gravité.

– Laissez-moi tranquille, je veux mourir en paix.

Nous reprenons la route. Le vent soulève la poussière et occulte l'horizon. Nous retrouvons avec plaisir Ségou. Cela sent le retour. La journée fut tranquille, une journée de route comme on les apprécie. J'ai repris un peu de force mais, ce soir, je suis le premier au lit…

Aujourd'hui, Annie a une conduite relâchée. Elle n'évite pas les trous et double les camions alors qu'ils mettent le clignotant à gauche. Nous ne reconnaissons pas la route de la capitale, elle nous semble plus étroite et le revêtement plus abîmé. Revoilà Bamako et ses Jakarta polluants. Revoilà la mission catholique. La nuitée a été augmentée de 500 francs CFA. Revoilà Léon-Paul, toujours aussi classe. Et revoilà notre place. Comme je le dis souvent, avoir des habitudes rassure. Nous retrouvons donc notre bar, notre cybercafé et notre restaurant préférés.

Je me rends au consulat mauritanien afin de demander un visa. Dans la salle d'attente se trouvent un Malien, timbré et zen à la fois, un rasta certainement sénégalais à la recherche d'un covoiturage pour le pays des Maures et un couple allemand vraiment amoureux, elle a une soixantaine d'années, et lui, moitié moins. La Mauritanie attire des touristes légèrement excentriques.

En ville, les places publiques sont investies par des centaines de moutons. Ils arrivent par camion entier ou par bus. Les musulmans vont bientôt fêter Tabaski. Pour nous, Noël approche. J'achète deux chemises africaines dans un marché où une forte agitation secoue le coin des vêtements. Sans réel espoir, je cherche, en vain, les maillots du Niger et de la Mauritanie.

Partout dans les rues, de grandes affiches annoncent la commémoration du 50e anniversaire de l'indépendance du Mali. Comme ses voisins, la Mauritanie, le Sénégal, le Burkina Faso, le Togo, le Bénin, le Niger et quelques autres pays, le Mali a retrouvé sa liberté en 1960. Seul le Ghana a obtenu sa souveraineté en 1957. Ces Anglo-Saxons ne font vraiment rien comme les autres. Je ne vais pas réduire l'histoire de l'indépendance en Afrique de l'Ouest en deux mots mais juste rappeler combien il est difficile d'être libre.

Dès le début, des dictateurs cupides ont récupéré le pouvoir pour se transformer en bourreau. La guerre froide et les frontières artificielles ont amplifié les tensions ethniques. Aujourd'hui, avec la Guinée, la Côte d'Ivoire, le Niger... l'histoire semble bafouiller. Mais je garde une grande confiance en l'avenir de cette région qui se relèvera avec courage et audace. Cinquante ans, finalement, c'est insuffisant pour passer de l'enfer au paradis et pour les sceptiques, ceux qui douteraient encore des méfaits de la colonisation, j'aimerais rappeler les mots d'Aimé Césaire : « Entre colonisateur et colonisé, il n'y a de place que pour la corvée, l'intimidation, la pression, la police, l'impôt, le vol, le viol, les cultures obligatoires, le mépris, la méfiance, la morgue, la suffisance, la muflerie, des élites décérébrées, des masses avilies. »

Il fait chaud. Les moustiques nous guettent, attendent un faux pas de notre part, et l'air nous manque cruellement. Oscar nous a lâchés, il est en panne. Nous déjeunons à l'Almandine. Là-bas, la climatisation fonctionne. Annie m'apprend que les organisations non gouvernementales ont quitté Gao. Cela deviendra difficile de voyager dans cette région. Le consul de France avait peut-être raison mais il a oublié Bamako sur sa liste noire. Quelques mois après notre passage, une bonbonne de gaz explosera devant son consulat.

Au supermarché, nous rencontrons Nathalie, Franck et Ousmane leur guide. Depuis six mois, ils recherchent un camping dans la région et la Casamance les attire. La pauvre Nathalie vient d'attraper le paludisme. Nous les invitons à dîner. Franck sort de son pick-up une bouteille de pastis puis une autre de vin rouge, la soirée sera chaude, on ne sentira même plus les piqûres des moustiques...

J'ai récupéré les visas mauritaniens. Nathalie et Franck sont venus nous saluer tandis que Léon-Paul nous souhaite un bon retour. Annie emprunte le pont des Martyrs. Ce matin, il est en sens unique. Nous avons fait l'erreur de traverser le centre-ville. Quel bazar !

Sur la route, nous croisons un camping-car et plusieurs voitures françaises. Des retraités, des touristes ou des bénévoles pour une quelconque association. Ces derniers transportent des ordinateurs pour les offrir aux Dogon. D'autres peuples n'ont pas la chance de travailler avec le tourisme et mériteraient certainement plus d'aide de la part des donateurs mais chacun fait ce qu'il peut.

La route est excellente, le compteur indique souvent les 100 kilomètres par heure. Nous arrivons à Nioro, dans un parking glauque où un bar glauque sert des bières… fraîches. Nous consommons plusieurs verres, c'est notre dernière nuit au Mali et après, plus de boissons alcoolisées ! Une dizaine de véhicules déglingués sont parqués ici. Amadou, l'un des deux jeunes assis à notre table, nous montre le 4 x 4 d'un politicien régional assassiné, il y a peu de temps, dans son véhicule. On ne plaisante pas dans le coin.

Nous laissons Amadou et son ami pour trouver un meilleur bivouac. Le grand parking à l'entrée de la ville fera l'affaire. La gare routière et une banque se trouvent à proximité. Cette dernière propose des prêts pour la fête de Tabaski – beaucoup de musulmans s'endettent pour acheter des habits neufs et un mouton – ou pour financer la rentrée scolaire. On y trouve aussi une agence d'assurance. J'en profite pour me procurer la carte verte mauritanienne. Annie se gare sous le seul lampadaire du terrain vague et laisse tourner le moteur une demi-heure pour que la température de la glacière descende sous les 25 degrés. À côté de nous, une gargote, installée sous une tente en toile, propose du couscous. Super ! Et de plus, nous pouvons suivre un match de… football sur le vieil écran de télévision.

Demain, nous quittons l'Afrique noire.

La Mauritanie

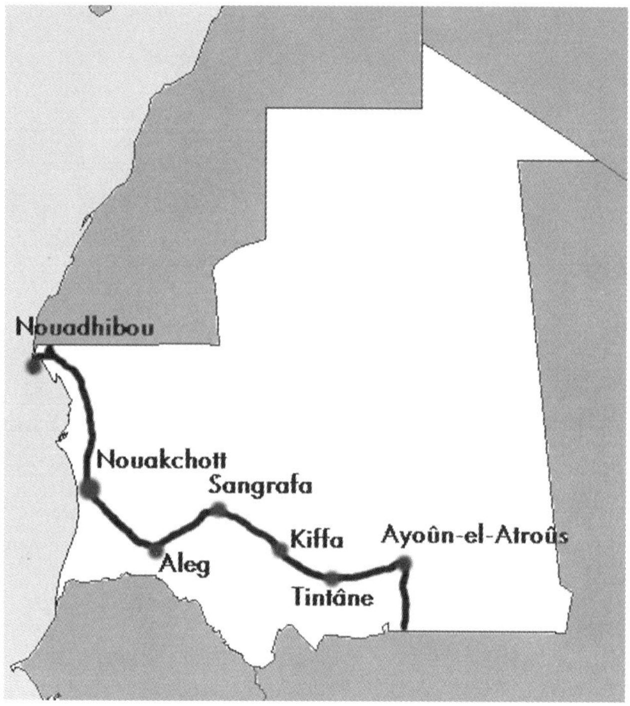

11

« Le crapaud aime l'eau,
mais pas l'eau chaude. »
Sagesse mauritanienne.

Mais où sont les bureaux de la douane ? « Plus loin, à 20 kilomètres », me renseigne un policier conciliant. Allons-y gaiement. Nous arrivons dans une ville où aucune barrière ni aucun panneau n'indique les bureaux. Je les trouve enfin. Un douanier me délivre le passavant nécessaire et me propose de changer des euros contre des dirhams marocains. Je refuse.

Trois semaines après notre passage dans cette région semi-aride, un couple d'Italiens sera enlevé par l'Aqmi, Al-Qaïda au Maghreb islamique, à huit kilomètres de la frontière malienne précisément, entre 20 et 22 heures. Leur minibus sera criblé de balles avant d'être immobilisé, les pneus crevés. Mais pourquoi roulaient-ils à la nuit tombée ?

La route est bonne malgré une épaisse couche de sable qui la couvre par endroits. Il est 13 heures quand le camping-car pénètre dans Ayoûn el-Atroûs. Nous décidons de passer la nuit ici. La ville s'étire sur la Transmauritanienne, la route de l'Espoir, une route goudronnée jusqu'à Nema. L'endroit est calme, sans bruit ni musique. Les femmes voilées me sourient, les hommes portent leur plus belle *darâa*. Les maisons, à ossature en bois ou en brique, sont couvertes d'un toit plat, lui-même recouvert de paille enveloppée dans des bâches plastiques bleues, orange ou marron. Généralement, elles abritent un petit commerce. J'aurais pu changer quelques euros avec les propriétaires mais je préfère me rendre à la Western Union où le taux de change est plus avantageux.

La banque est prise d'assaut par des clients venus en Mercedes taxi pour retirer de fortes sommes d'argent. Demain, tous les établissements bancaires seront fermés pour un long week-end de festivités. Demain, c'est Tabaski et le surlendemain, la fête de l'Indépendance. Deux guichets sont ouverts, un pour les femmes, l'autre pour les hommes, et l'ordre d'arrivée n'est pas vraiment respecté. Je joue des coudes pour me frayer un chemin et atteindre le comptoir. De là, on me dirige vers un bureau puis vers un second afin de remplir deux ou trois documents pour revenir dans la file d'attente. Comme tout bon Maure, je me faufile jusqu'au guichetier et récupère enfin mes 79 200 ouguiyas.

Avant de retrouver le camping-car, j'achète des cacahuètes, des œufs et de la Vache qui rit. Un jeune homme vend des baguettes de pain exposées sur un bidon d'huile. Ici, les étals sont faits de bric et de broc. Délicieuses ces baguettes ! Je lui en prends cinq, non six, et en profite pour lui demander l'état de la route.

– Elle est bonne et parfois mauvaise.

– On passera avec notre camping-car ?

– Oui ! Il faut simplement faire attention aux animaux et à Tintâne, la route est coupée par des inondations.

Ce soir, séance DVD.

Les indications évasives du vendeur de pain nous poussent à partir de bonne heure. Jusqu'à Tintâne, la route est correcte mais jonchée de cadavres d'ânes, de dromadaires, de chèvres et de moutons, les corps gonflés par la chaleur ou en totale décomposition. Les dépouilles dégagent une odeur infecte de putréfaction avancée. Annie est sur ses gardes et nous, les hommes, restons vigilants. Un animal peut traverser le goudron à n'importe quel moment.

Des petits arbustes bordent le long ruban bitumé de 1 100 kilomètres, ce sont des *Calotropis procera.* Au Sénégal, on appelle ce végétal « l'arbre à soie ». Au Maroc « l'arbre de Satan », allez savoir pourquoi ! On le surnomme aussi « le pommier de Sodome » ou « le *roustonnier* » ou encore « l'arbre à couilles ». Cela fait rigoler Léo. Ce dernier nom a été donné par les légionnaires car le fruit est en forme de petites pommes ovales. Comme le baobab, il a d'énormes ressources. Son écorce et ses rameaux servent à cailler le lait. Les chèvres mangent les fleurs et les feuilles. Avec le bois, les Mauritaniens confectionnent des huttes, des toits et ils l'utilisent comme combustible. Les cordages seront faits avec la fibre. Et bien sûr, la médecine traditionnelle est friande de tous ces éléments.

Nous le savions, une partie de la ville de Tintâne est inondée. Nous arrivons devant un monticule de terre qui barre la route. Annie s'arrête. Sur notre gauche, on aperçoit la déviation sableuse.

– Que fait-on ? demande la conductrice.

– On attend, répond le copilote avec sagesse.

On attend… 10 minutes. Un 4 x 4 mauritanien s'arrête à notre niveau. Je demande à son chauffeur le meilleur chemin à suivre.

– Tout droit, me répond-il. Suivez-moi !

Annie contourne la butte et traverse un quartier inondé. Une image apocalyptique s'offre à nos yeux. Les maisons se retrouvent sous l'eau, détruites. Les carcasses de voitures rouillées prouvent que la situation dure depuis un certain temps. La route, surélevée, est cassée en deux. Plus en avant, un second monticule de terre et de sable plus impressionnant que le premier nous fait face mais là, pas d'échappatoire, le camping-car doit passer. Annie s'élance et franchit l'obstacle en suivant une trajectoire que j'avais dessinée. Bravo, ma puce ! Je suis toujours étonné par l'aptitude de notre maison roulante. Mais le plus compliqué est à venir.

La traversée de Tintâne est longue en ce jour de marché. Partout du monde, des charrettes, des étals, de la poussière… Le camping-car peine à avancer. Avec la chaleur, le sable soulevé par le vent, les ventilateurs hors service, le voyant est au rouge. Une sagesse mauritanienne raconte : « Il ne faut pas pousser le bouchon trop loin. » Alors Annie s'arrête sur le bas-côté de la route une bonne demi-heure. Le capot ouvert aide la température à descendre lentement. Nous repartons et quittons la ville.

L'état de la route devient chaotique. Sous le poids des camions, le goudron a explosé. Il nous faudra 6 heures pour parcourir 200 kilomètres – je compte les arrêts pour photographier les cadavres d'animaux écrasés. Kiffa est une grande ville. Là aussi, la vie s'anime autour du marché et sur le bord de la route de l'Espoir, la population s'agite dans tous les sens. Annie aperçoit des hommes qui repassent dans les blanchisseries avec des fers à charbon de bois et me le fait remarquer. Après Kiffa, la route est excellente et traverse un massif rocheux. Le camping-car s'engouffre dans la passe de Djoûk et retrouve le sable. Les villages ne sont qu'une succession de blocs en brique avec deux portes cadenassées. Certainement des petites épiceries. Nous faisons le tour de la ville de Sangrana mais nos recherches de bivouac sont infructueuses. Malgré l'heure tardive, Annie poursuit sa route en ayant toujours à l'esprit la règle de sécurité qui est de ne jamais rouler de nuit, vous comprenez pourquoi.

Très proche, Magta Lahjar est une agglomération importante avec une gendarmerie. Le commandant accepte notre présence sur son parking. L'accueil est chaleureux, seuls quelques gamins nous collent un peu trop. Comme hier, la nuit est silencieuse. Aucun son provenant d'une quelconque télévision, aucune musique d'une quelconque radio même dans les stations-service.

Nous saluons le commandant, sa femme et ses enfants. Le camping-car croise plusieurs Occidentaux mais ceux-ci sont trop préoccupés à tracer la route pour s'arrêter et échanger des informations utiles.

Depuis le temps que je vous en parle, aujourd'hui, c'est Tabaski. La fête commémore la soumission d'Abraham à Dieu. Ce dernier lui aurait demandé de sacrifier son fils, Ismaël, mais au dernier moment, par l'intermédiaire de l'archange Gabriel, il lui envoya un mouton. Depuis, tous les ans, les musulmans fêtent la soumission d'Abraham.

– Je n'ai pas tout compris, me lance Léo, le regard fuyant vers les dunes.

– Maman t'expliquera mieux.

– Mais je n'y connais rien !

Aux abords des villes, les moutons ou les chèvres sont sacrifiés et dépecés avant d'être cuits à la broche. Plus nous approchons des centres-villes, plus la route rétrécit et se gave de Mercedes, de charrettes et d'une population occupée à faire ses dernières emplettes. Nous sommes près d'Aleg, nous y serons dans une dizaine de kilomètres. Le lieu est devenu tristement célèbre, projeté sous les feux des projecteurs, lorsqu'en décembre 2007 quatre Français furent assassinés par des djihadistes qui prirent la fuite dans une Mercedes noire volée. Les trois auteurs du massacre, appartenant à l'Aqmi, furent condamnés à mort. Sans revendication de la part du groupe terroriste, les soupçons d'un crime crapuleux planent toujours.

La route autour de Boutilimit joue les montagnes russes avec, dans chaque creux, un village endormi. La ville est un grand centre de formation religieuse menacé par l'invasion du sable. Boutilimit est réputé pour son école coranique. Entre les dunes d'une belle couleur orange pour certaines ou blanche pour d'autres, les tentes des nomades sont bien là avec leurs troupeaux de moutons ou de dromadaires. Les petits blatèrent avant de fuir devant mon appareil photo.

Des bornes indiquent le nombre de kilomètres restants pour atteindre Nouakchott : 101,50 puis 102,40 et encore 98,70. Malgré la précision, cela fait désordre ! Sans la pluie, sans les inondations, la capitale offre un tout autre visage. Avec la fête de Tabaski, les rues sont désertes, le camping-car est pratiquement le seul véhicule à circuler sur les longues avenues bordées de trottoirs sablonneux.

– Nous retournons à L'auberge Sahara ? demande Annie plus à l'aise aujourd'hui dans sa conduite que lors de notre premier passage.

– Si tu veux de l'électricité, on n'a pas le choix.

– Moi je veux bien, déclare Léo. En plus il y a du wifi.

L'auberge est envahie par une tripotée d'Espagnols de l'association Dentistas Sobre Ruedas. Ils sont bruyants, ces Ibériques. Parmi eux, une Française. Si nous passons à Barcelone, Élodie se fera un plaisir de nous recevoir. Ce soir, je prépare sur l'ordinateur un diaporama numérique pour le projeter à Rabat, dans les classes respectives de Caroline et de Dominique. Il devrait être sympa.

Hier c'était Tabaski. Aujourd'hui, c'est la fête de l'Indépendance. Nous pensions, à tort, assister à de longs défilés militaires, nous émerveiller devant un gigantesque feu d'artifice ou, je ne sais pas, une manifestation qui marquerait l'événement. Non, rien du tout ! Les rues sont à peine plus vivantes qu'hier. Nous marchons d'un pas langoureux à la recherche des boutiques d'artisans, du marché, de la grande mosquée… Nous passons devant le stade olympique. Il existe souvent un magasin d'articles de sport près d'une enceinte sportive. Oui, mais celui-ci ne possède pas le maillot de l'équipe mauritanienne. C'était notre dernière chance.

La route des Ambassades nous conduit devant celle de la France où, quatre mois auparavant, un homme s'est fait exploser, blessant deux employés français de la sécurité. Ne traînons pas… Maintenant, nous entamons l'avenue Kennedy. Les rues s'animent, visiblement on s'approche du marché.

Annie est insensible à l'artisanat mauritanien : les boîtes en bois sculpté, les bijoux et les sandales en cuir ne lui plaisent pas plus que ça. Elle est plus attirée par les boutiques sénégalaises et négocie deux statues peintes, deux poupées et deux colliers pour les filles. Nous ferons les derniers achats de Noël à Rabat. Au marché Capitale, ma puce est tentée par le *malafa*, le voile porté par les Mauritaniennes. Allez, pour Mamy ! Je prends quelques photos de la grande mosquée dont les longs minarets déchirent le ciel. Je photographie aussi un âne, à la surprise d'un passant. La particularité de cet animal réside dans ses pattes. Elles sont rayées, tout comme son cou.

– Tu vois Léo, lui explique sa maman devenue tout d'un coup évolutionniste, en Afrique les ânes se zèbrent car les rayures empêchent la mouche tsé-tsé de les piquer et de les plonger dans un sommeil mortel.

– En es-tu sûre ? lui demande Léo plongé dans le doute.

Je m'invite à la conversation.

– Donc pour éviter le palu, l'être humain deviendra zébré ?

– Et pour éviter l'insolation, poursuit Léo, on va naître avec un chapeau !

– Vous êtes nuls, nous balance Annie avant de poursuivre sa route nous laissant là, tous les deux, pensifs, à examiner l'âne en pleine évolution.

Les plages et le port se trouvent à cinq kilomètres du centre-ville. Les Maures, hommes du désert, boudent la mer. Un taxi déglingué nous y amène. Le chauffeur est sénégalais. Pour lui la vie est plus facile ici, son travail est mieux rémunéré. Exact, les prix sont plus élevés en Mauritanie comme les prix de la course en taxi, par exemple.

– Mais au Sénégal, essaie de nous convaincre le chauffeur, nous sommes plus libres, c'est la vie là-bas. Ici, le gouvernement fait n'importe quoi.

– C'est-à-dire ?

– Il y a des richesses dans ce pays mais l'argent n'est pas redistribué. Regardez comme les Mauritaniens sont pauvres et les islamistes sont de plus en plus influents.

C'est indéniable, le prix de la course n'a rien à voir avec les prix bas pratiqués par les taxis dakarois.

Au port, l'activité est au point mort. Nous avions oublié cette longue fin de semaine de commémorations. Des centaines de bateaux peints de couleurs vives sont alignés sur le sable. Aucun navire ne rentrera de la pêche. La plage est déserte, entièrement pour nous mais les courants nous semblent trop dangereux pour nous baigner. Et nous n'aurons pas de poisson pour le dîner !

Un second taxi nous ramène à l'auberge. Il est encore plus désarticulé que le précédent et nous devons pousser la Mercedes pour lancer le moteur. Les Espagnols ont quitté le campement, remplacés par une armada de Hollandais. Ils sont fidèles à leur image, surtout quand ils voyagent en groupe. Désagréables, impolis, imbus de leur personne, ils prennent leurs aises sans se préoccuper des autres. Dieu, que je suis médisant aujourd'hui. Parfois cela fait du bien.

Le patron nous apprend qu'un Français, Pierre Camatte, vient d'être kidnappé au Mali, près de Gao, par l'Aqmi. Cet humanitaire essayait de trouver un remède contre le paludisme et passait la plupart de son temps dans ce pays. Je perçois dans le regard d'Annie un soupçon de stupéfaction mélangé d'un brin de soulagement. Mais parlons d'autre chose. Oui, nous devons nous préparer, demain, c'est le départ pour Nouadhibou.

Ce matin, le ciel est tapissé de nuages. Pour la première fois, nous roulons les fenêtres fermées. Le vent secoue sérieusement le camping-car et transporte le sable d'un côté de la route à l'autre. Contrairement à l'aller, les policiers ne réclament ni aspirine ni petit cadeau. Pareil pour les gendarmes et les douaniers. On nous demande seulement si le voyage se passe bien, si nous avons des problèmes. Pourquoi autant de bienveillance ? Mais oui, tout va bien, n'est-ce pas Léo ?

– Oui !

Nous arrivons à Nouadhibou sans encombre. À l'entrée de la ville, un gamin nous fait un signe désagréable : avec son pouce droit, il le place sous son oreille gauche puis le fait glisser sur sa gorge jusqu'à la base de son oreille droite. On connaît tous, malheureusement, la signification de ce geste. Je n'apprécie guère.

Nous retrouvons le camping de la Baie des Lévriers et son gérant, Ali. Celui-ci est catastrophé, complètement atterré.

– Mais que se passe-t-il ? lui demande Annie inquiète devant sa mine décomposée.

– Ne le savez-vous donc pas ? Trois Espagnols viennent d'être enlevés. Cela s'est passé hier soir, sur la route de Nouakchott, à 170 kilomètres de la capitale.

– La route que nous venons de prendre ?

– Oui, oui ! La route qui relie Nouadhibou à Nouakchott, celle que vous venez de prendre.

Le dernier véhicule d'un convoi humanitaire espagnol composé de quinze 4 x 4 et de cinq camions s'est arrêté, à la nuit tombée, sur le bord de la route, pour écouter à la radio les résultats du championnat de football espagnol. Les kidnappeurs ont profité de leur isolement pour les capturer et fuir à travers le désert. Ali ne décolère pas.

– Ce n'est pas la Mauritanie, ça, s'exclame-t-il. Ce sont des bandits, c'est la mafia qui a enlevé ces trois personnes. Maintenant, nous n'aurons plus de touristes.

Durant notre séjour dans cette partie du monde, un Français s'est fait kidnapper puis deux Italiens et enfin trois Espagnols. Avec les attentats et ce qui se passera plus tard à Niamey, et je ne parle pas des conflits internes, cela devient compliqué de voyager en Afrique de l'Ouest. Annie se rend vite au cybercafé rassurer les filles.

> *Les filles, si vous avez écouté les informations, peut-être avez-vous entendu parler d'enlèvements en Mauritanie ? Ce n'est pas nous mais on*

a pris cette même route la veille. Ça nous conforte dans l'idée de ne jamais rouler la nuit.
Dernier jour en Mauritanie, demain nous commençons la remontée du Maroc.
Nous avons hâte de vous revoir.
À bientôt.
Gros bisous de nous trois. Maman.

Je pars vite au restaurant Hong Kong pour nous procurer quelques bières, nous avons besoin de décompresser. Tiens, ils ont baissé le prix de 25 %. Un couple de Français vient d'arriver en Mauritanie avec son 4 x 4, sa caravane et ses deux petits chiens. Annie et Jean-Pierre, des voyageurs fort sympathiques, apprennent la terrible nouvelle. Après une longue conversation, nous concluons qu'il est rarissime de voir deux enlèvements consécutifs. Ils pensent traverser le pays et rejoindre le Sénégal. Et nous, comme l'a écrit Annie dans son e-mail, nous retrouverons le Maroc.

Le Maroc

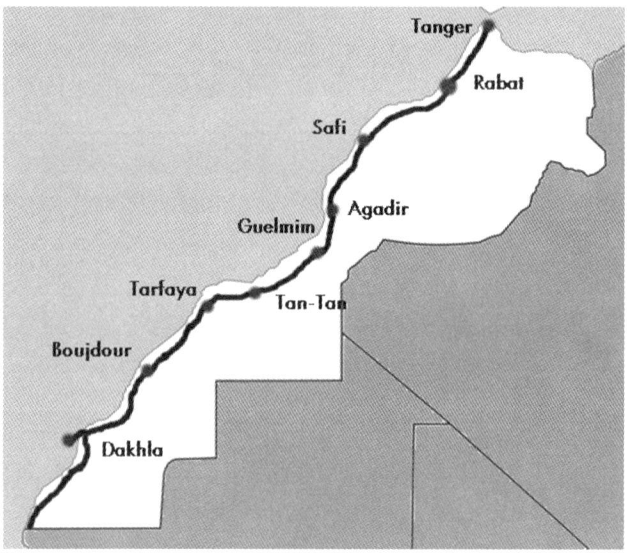
Tanger
Rabat
Safi
Agadir
Guelmim
Tarfaya
Tan-Tan
Boujdour
Dakhla

12

« La parole est d'argent,
le silence est d'or. »
Proverbe français.

Et quelques autres…

Nous rejoignons la frontière. Annie a peu dormi, l'enlèvement des Espagnols l'a perturbée, il y a de quoi, et reprendre le *no man's land* ne l'enthousiasme pas. Léo, lui, est tout excité. Je demande aux douaniers mauritaniens si l'autoroute entre les deux frontières est construite depuis notre dernier passage.

– Le goudron n'est pas encore étalé, me répond ironiquement le plus grand d'entre eux. Pour cela, on attend la visite du secrétaire de l'ONU.

– Faites plutôt venir le Pape, vous verrez, ça ira plus vite !

Puis, je demande des nouvelles des trois Ibériques.

– Cela pourrait arriver dans n'importe quel pays, me dit le géant. Ce sont des truands qui capturent des Occidentaux pour les revendre à Al-Qaïda.

Je change mes derniers ouguiyas pour des dirhams.

Un homme vient proposer ses services pour nous guider dans l'affreux *no man's land*. Annie refuse poliment, nous préférons y aller seuls, prendre notre temps et avancer au rythme du camping-car. On s'élance. La piste nous semble plus facile, toujours aussi rocailleuse mais plus carrossable. Pour les parties délicates, je descends du camping-car, scrute le terrain, recherche le meilleur chemin et prends quelques photos. Ah, voilà le passage difficile ! À l'aller, le camping-car s'était ensablé ici. Après une inspection des lieux et mûre réflexion, je choisis un autre chemin, cela devrait le faire ! Banco ! Annie passe sans difficulté. Un convoi de cinq véhicules en partance pour la Mauritanie nous croise. Je les encourage, les applaudis et leur lance haut et fort : « Vive l'Afrique ! »

Frontière marocaine. Pour la première fois, le camping-car est fouillé par la police.

– Je dois protéger mon pays, nous déclare le fonctionnaire pointilleux.

Je reste dubitatif. Il me semble, au plus profond de moi, que les éventuels problèmes pourraient venir de l'intérieur du pays. Les formalités terminées, nous pouvons entamer notre remontée du Maroc avec pour objectif, ce soir, Dakhla et son camping.

Nourdine est toujours là avec sa fine moustache. C'est un homme heureux que nous saluons chaleureusement car il fête son anniversaire. Alors, ce soir, il organise un apéritif dînatoire et nous y sommes conviés comme la plupart des touristes. Fruits secs, biscuits, gâteaux, bière, vin, whisky… chacun a apporté sa bouteille, sa contribution. Léo lui offre un livre. Lors de notre premier séjour, le gérant nous avait offert des gâteaux et aujourd'hui, un excellent apéritif. Alors, merci et bon anniversaire, Nourdine.

Annie et Léo souhaitent rester une journée de plus. C'est vrai, nous avons un peu de temps pour rejoindre Rabat et nos amis instituteurs. Nous nous sommes donné rendez-vous par e-mail dans une semaine. Le centre-ville de Dakhla se trouve à huit kilomètres du camping, une longue promenade nous attend. D'abord, je dois récupérer des dirhams. Les distributeurs automatiques de billets que je trouve sont hors service. Je pénètre dans une banque avec l'idée de changer des euros. La caissière manque cruellement de petites coupures pour l'appoint. Devant le problème, je lui propose :

– Donnez-moi l'argent, je vais faire de la monnaie dans une épicerie et je reviens.

– Tenez ! accepte la jeune femme.

Quelle belle confiance ! Qui en Europe donnerait un billet de 100 euros à un inconnu pour qu'il fasse de la monnaie chez le premier commerçant venu ?

La fraîcheur le permet maintenant, Annie cuisine. Le riz cuit lentement, les œufs aussi. Les tomates sont lavées puis coupées en quartiers par une cuisinière absorbée dans ses pensées. Léo joue au football avec quatre petits Allemands et moi, j'ouvre les deux canettes de bière achetées à prix fort. Que voulez-vous, c'est ainsi ! Ici, tout est cher malgré la détaxe des produits. Cela peut se comprendre, ils viennent de loin et les coûts de transport se font ressentir.

– Mais à quoi penses-tu, chérie ?

Annie émince les oignons – chers aussi – et sort du réfrigérateur les olives vertes.

– À tous ces enlèvements. Nous avons été inconscients d'aller jusqu'à Gao.

– N'exagère pas. Les consulats se protègent trop en déconseillant aux Français de voyager dans certaines régions. On ne sait plus où se trouve le vrai danger. Nous n'aurions jamais fait le tour du monde en suivant leurs conseils et cela pénalise les pays dont le tourisme est une ressource vitale. Tu te souviens des attentats perpétrés dans le métro parisien ? Le Premier ministre français de l'époque avait émis des critiques envers les pays qui demandaient à leurs ressortissants de ne pas aller en France, notamment les Américains. Tu t'en souviens ?

– Franchement, non !

– …

Le téléphone portable retentit. Surprise, Annie s'en empare et sort du camping-car. Elle revient deux minutes après. C'était Caroline. Nos amis nous attendaient aujourd'hui. Il y a eu une embrouille sur notre date d'arrivée à Rabat, Annie n'est jamais très claire dans ses e-mails. Les pauvres, ils avaient tout prévu : les diaporamas, les repas et même une réservation pour un spectacle de hip-hop !

Pour rejoindre la capitale, une longue route nous attend, 2 000 kilomètres environ. En trois jours, nous retrouvons Boujdour, Laâyoune, Tarfaya, El Ouatia, Tan-Tan, Guelmim puis Tiznit. On roule, roule… Annie avait gardé en mémoire des villes marocaines poussiéreuses et sales. Aujourd'hui, elle les trouve propres et modernes. Léo lui donne les raisons de cette différence d'appréciation.

– C'est normal, à l'aller on venait de l'Europe et, là, on revient d'Afrique noire.

Nous croisons de plus en plus de camping-cars et le campement municipal de Tiznit est déjà envahi. Comme dans toutes sociétés, il existe des camping-caristes sympas, moins sympas, des imbéciles, des désinvoltes, des fêtards, des intellectuels… mais surtout des retraités. Le camping-car a le mérite de sortir ces femmes et ces hommes du carcan de leur vie casanière et leur permet, un tant soit peu, de s'ouvrir sur d'autres coutumes.

Encore une fois, je m'insurge devant les fiches policières présentées par le responsable du camping. Qui sommes-nous ? D'où venons-nous ? Où allons-nous ? De toute façon, j'écris n'importe quoi et me fais une grande joie de le lui préciser. Il apprécie moyen, moyen.

Comme toutes villes marocaines de renom, Tiznit possède une enceinte crénelée qui abrite un souk réputé, celui des bijoutiers. Dans une modeste parfumerie, toujours en prévision des fêtes de Noël, Annie achète des morceaux de musc, une substance naturelle secrétée par le chevrotin pour attirer le sexe opposé. Il aurait des pouvoirs aphrodisiaques. Pour ses filles, elle se procure, contre quelques dirhams, deux minuscules récipients contenant du khôl, une poudre d'antimoine utilisée depuis le temps des pharaons pour le maquillage des yeux.

Face au camping, un large bâtiment austère cache un bar dépouillé, froid. Rien n'indique le débit de boisson, on y pénètre par une porte en bois. Je me procure une bouteille de vin et des bières que je vais partager avec ma compagne et le farfelu Mark, notre voisin d'outre-Manche.

Le thermomètre connaît une descente vertigineuse. 12 degrés ce matin, du jamais-vu ! Léo met en route le chauffage diesel, il marche. L'électricité devient superflue, nous n'irons plus au camping.

On roule, roule… Safi est un grand port minéralier, le deuxième du Maroc. Nous nous installons à la sortie de la ville, direction Marrakech, dans une station-service, comme à l'époque. Le pompiste a la gentillesse d'éteindre la radio, pourtant elle nous berçait.

Comme toujours, en guise de remerciement, nous faisons le plein de carburant. Léo est encore au lit et nous déjeunons sur le parking d'un supermarché. L'envie me prend de vérifier les niveaux. Il manque de l'huile moteur et de l'huile de direction. À la demande expresse de ma puce, je fais l'appoint. Il nous reste 200 kilomètres pour Rabat et nos amis nous attendent seulement demain après-midi. Le temps est pour nous.

La route côtière est belle, parsemée de points de vue sur la mer et les villages. Puis, le sable se transforme en un gigantesque potager. La côte prend alors des couleurs : rose carotte, blanc chou-fleur, rouge tomate… Ces « légumes des sables » sont lavés à grande eau sur le bord de la route avant d'être expédiés dans des camions sur les marchés.

À l'approche d'El-Jadida, le camping-car traverse une importante zone industrielle dont la plus grande activité est liée au phosphate, une matière première exploitée pour la production d'engrais. À l'heure où les Européens vivent leurs années écologiques, les exportations sont en baisse. Nous pénétrons dans la ville par une large avenue où la vitesse est limitée à 40 kilomètres à l'heure. La route est farcie de policiers armés de pistolet laser. El-Jadida est une ville fortifiée bâtie par les Portugais au début du XVIe siècle. L'ancienne cité servit de décor à Orson Welles – un de mes cinéastes préférés – pour son film *Othello*.

Ce soir, nous dînons d'un tajine de viande relevé d'olives et de pruneaux. Avec Léo, nous jouons notre dernier des 34 scénarios de Mémoire 44. Pour gagner, je dois l'emporter par plus de trois unités. Malheureusement, je vaincs mais seulement d'une. Le grand vainqueur de ce wargame joué avec des armées et du matériel miniatures sur un large plateau est… LÉO !

– Je suis le plus fort, s'écrie mon fils, le maître des jeux.

– J'aurai ma revanche et elle sera éclatante.

– Il faudra les extensions. Il existe trois autres scénarios et d'autres armées : russes, japonaises et anglaises.

– J'aurai ma revanche !

– On te les offrira si tu as de bonnes notes au deuxième trimestre, lui promet sa maman.

Dominique nous accueille à nouveau avec de grands gestes, heureux comme un enfant dans une cour d'école. Nos deux instituteurs ont regroupé leur classe. Ils sont plus de soixante élèves à regarder le diaporama et à poser d'excellentes questions. La classe de Dominique est tapissée de dessins créés par ses élèves et celui-ci utilise notre voyage comme projet pédagogique. Les enfants ont suivi au fur et à mesure notre périple sur une grande carte d'Afrique de l'Ouest affichée au mur de la salle. Avec les documents que nous avons récoltés tout au long de notre périple, ils vont imaginer un carnet de voyage.

Les conférences terminées, Caroline nous offre un couscous dans son restaurant préféré. Puis, Dominique m'emmène dans son imprimerie préférée pour commander des autocollants, les drapeaux des pays visités afin de les coller, avec les autres, derrière le camping-car. Ils se décolleront trois jours après… Nous faisons un tour à la médina pour les derniers cadeaux de Noël.

Avant le dîner d'adieu, Annie utilise l'ordinateur de Dominique pour relever les e-mails dont celui des filles.

Salut les vacanciers.
Bonne nouvelle, après trois mois d'attente, ça y est, les stores de la salle à manger sont enfin posés.
Je ne sais pas si vous le savez mais il y a eu un coup d'État en Guinée. En ce qui concerne les enlèvements en Mauritanie, la télévision n'en parle pas, ce ne sont pas des Français !
Demain, Lola est invitée pour l'anniversaire de Charlotte.
Nous sommes impatientes de vous revoir mais prévenez-nous deux ou trois jours avant votre arrivée pour qu'on puisse faire le ménage !
Bizzzzz. Loulou, Lola et Estelle.

Après la *harira* et les brochettes, nous dégustons un gros gâteau offert par nos hôtes pour mes cinquante ans. Merci à eux. Au lever du soleil, nous entamerons la dernière ligne droite.

Le voyage s'achève.

À l'entrée de Tanger, des agences proposent des billets de bateau pour Algésiras à des prix imbattables mais je préfère les acheter directement au port. La ville attire toutes les attentions du roi Mohamed VI, elle respire la vie. Sur les longues avenues, des gamins grimpent derrière le camping-car en s'accrochant au porte-vélos. Cela a le don de m'exaspérer.

Nous arrivons au port. Pour nous trois et le véhicule, la traversée coûte 55 euros. J'ai bien fait d'attendre. À la douane, le camping-car est minutieusement vérifié. D'abord il passe au scanner. Puis, deux personnes portant le brassard rouge de la douane fouillent méticuleusement notre maison roulante. C'est du sérieux, tout ça ! La police trouve une minuscule place pour apposer le tampon de sortie sur nos passeports. Annie attend un signal de la part du personnel portuaire pour s'engouffrer dans le ferry. Voilà, c'est fait.

Nous sortons du camping-car pour aller sur le pont et regarder les maisons blanches s'éloigner. Nous refermons la « porte de l'Afrique ». Deux heures trente plus tard, le ferry accoste en Espagne, au port d'Algésiras. Avant de démarrer, Annie souhaite faire un tour dans la salle d'eau mais impossible d'ouvrir la porte des toilettes ! J'essaie sans plus de succès.

– Ce n'est pas normal.

– Tu as raison, me répond Annie. On verra ça plus tard.

– Je n'aime pas ça.

– Quand le douanier a inspecté les toilettes, essaie de me convaincre Annie, il a dû refermer la porte trop brutalement.

– Pour moi, il y a quelqu'un dedans.

– Arrête de vouloir toujours nous faire peur, ricane ma tendre conductrice.

– Qu'il est bête ce Papa !

Nous sortons des entrailles du ferry, le camping-car donne ses premiers tours de roues sur le sol européen.

– Voilà l'Espagne Babou !

– Il fait froid, constate Léo.

Les douaniers examinent notre véhicule, la police aussi. D'abord l'extérieur puis l'intérieur. Une fonctionnaire jette un regard circulaire avant de sortir lentement. Nous pouvons repartir.

Annie décide de passer la nuit à Algésiras devant les bureaux de l'agence Viajes Normandie, une agence bien connue des camping-caristes. J'accepte d'autant plus volontiers qu'il y a, tout proche, un supermarché à l'enseigne d'une chaîne française, je vais pouvoir me régaler de saucisson, de jambon et de fromage. Mais avant, je dois régler le cas de la porte des toilettes. Contrairement à ce qu'avance Annie, elle n'a jamais eu de problème cette porte. Et là, miracle ! Elle s'ouvre sans effort.

– Va-t-en vite, hurle Annie choquée de voir un jeune homme assis sur la cuvette des toilettes.

Pendant la traversée du détroit de Gibraltar, le clandestin marocain a pénétré dans le camping-car et s'est caché dans les toilettes. À notre insu, je vous le jure.

– Pardon, pardon ! s'excuse l'inconnu, les mains tendues vers nous comme pour mieux se protéger avant de fuir sans demander son reste.

Perturbée, Annie raconte à nos voisins camping-caristes cette incroyable histoire. Elle a besoin d'une bonne bière. Léo m'accompagne au supermarché et on ne se prive de rien : charcuterie, camembert et canettes de bière pour les parents, bonbons et gâteaux pour le fiston.

– D'après les voisins, nous résume Annie, nous avons eu beaucoup de chance que la policière n'ait pas eu l'idée d'ouvrir la porte des toilettes. On encourait une peine de prison et une forte amende.

– Vous voyez, mes soupçons étaient légitimes.

– Comment aurions-nous pu prouver notre bonne foi ?

– Il n'avait aucun bagage le pauvre, j'espère que vous n'allez pas le dénoncer, nous prie Léo.

– Jamais mon fils. Comme dit un proverbe français : « Dans certaines circonstances, se taire est plus judicieux que parler. »

Annie aura du mal à trouver le sommeil.

Le voyage s'achève.

Cette nuit, un 4 x 4 s'est installé près de nous. Laurent, sa femme et son fils ont reconnu les autocollants collés derrière le camping-car. Ils ont lu notre premier livre et nous leur offrons le deuxième. Bien sûr, Annie leur a déjà raconté notre mésaventure.

Pour rejoindre Barcelone, nous empruntons la route centrale, celle qui mène à Madrid puis nous changerons de cap pour Valence et suivrons la Costa del Azahar, la Costa Dorada et enfin la Costa Brava. Sur la nationale, des panneaux lumineux d'information avertissent des risques de ralentissements, des accidents éventuels… et se mettent à clignoter. Je ne lis pas l'espagnol, Annie non plus ou si peu. Seul, Léo, le petit génie, nous traduit les quelques mots répétés maintes fois.

– Risque de chutes de neige ! nous explique le collégien. Et le dessin représente des chaînes.

– Il va neiger, conclut subitement Annie.

La conduite sur la poudreuse n'est pas son fort. Le ciel s'obscurcit et se pare de nuages gris trop bas.

– En tout cas, poursuit Léo, c'est un temps de neige.

Il nous faut vite rejoindre la côte, n'importe quelle *Costa*, on s'en fiche. Annie roule et roule encore mais nous sommes rattrapés par la nuit, bien véloce en cette saison hivernale. « Au bout du fossé, la culbute ». Notre chère conductrice préfère s'arrêter dans ce que l'on peut appeler une aire de service : hôtel, restaurant, station-service ouverte 24 heures sur 24. Dans la nuit, le chauffage diesel s'arrête, net, permettant au froid de s'installer dans la cellule sans y être invité. Je jette un œil frileux par la baie de la capucine et aperçois d'énormes flocons blancs qui tombent du ciel. Il neige abondamment. Le sol, les bâtiments, les véhicules sont recouverts d'une couette blanche épaisse de 40 centimètres, au moins, à rendre jalouse la Sibérie. Nous voilà bien ! Nous commençons à regretter la chaleur torride, souvent insupportable de Kayes. Maintenant, la glacière débranchée protège le peu d'Interféron du froid et nous, nous sommes coincés, près de Motilla del Palanca, comme des dizaines de camions venus s'abriter pendant la nuit glaciale.

Il faut attendre… attendre les chasse-neige, avec patience. Mais selon les routiers, le barman, le pompiste et tous les autres, il n'y a pas une once d'espoir d'être libérés aujourd'hui. « À chaque jour suffit sa peine. »

– Eh bien, c'est plutôt l'aventure cette fin de voyage ! dit Léo. D'abord le clandestin et maintenant la neige. Ce n'est plus « périple noir » mais « périple blanc » !

Nous passons notre deuxième nuit sur le parking.

Les engins arrivent dès le matin et dégagent la route. Les camions partent un par un, les voitures aussi mais le camping-car immatriculé 17 et bardé d'autocollants ne démarre pas. Rien quand Annie tourne la clé. Rien quand je tape comme un dingue avec un marteau sur le moteur. La batterie ? Non, selon Annie, car les phares s'allument normalement. Alors, le démarreur ? Peut-être ! Mais j'ai du mal à me concentrer sur cette question.

Il fait froid. Au bar du restaurant, nous suivons à la télévision les actualités qui présentent la région, celle où nous sommes, comme la plus touchée par les intempéries. J'offre des pâtisseries à mon fils et une sangria à ma puce. « À quelque chose malheur est bon. » Retour au camping-car. Comme le moteur ne répond toujours pas, Annie contacte notre assistance. Cette dernière fait le nécessaire et nous envoie une dépanneuse qui sera là dans une heure ou deux. C'est un garagiste originaire de Bucarest qui répare le démarreur. Ils sont forts, ces Roumains !

La neige menace le sud de la France et pour éviter une autre déconvenue, nous annulons notre visite chez Élodie, ce sera pour une autre fois. Après une halte près de Toulouse, chez nos amis voyageurs, Marjolaine et David, Annie fonce jusqu'à Tonnay-Charente pour retrouver un microclimat sain et généreux mais surtout ses filles adorées.

– Et Team, rajoute Léo.

Nous arrivons une journée avant la date annoncée. Les filles avaient planifié le grand nettoyage pour le dernier jour, c'est-à-dire, aujourd'hui. Alors forcément, nous trouvons une maison un peu… sens dessus dessous. « À l'impossible nul n'est tenu. » Cela m'est égal. Elles ont géré leur quotidien, les repas, le ménage, le lycée, le budget et Team notre chien pétomane comme des personnes responsables et c'est en cela que le voyage fut une totale réussite. Bravo les filles, vous êtes magnifiques et encore une fois… vive l'Afrique !

Épilogue

Annie (52 ans)

Avant le départ, la nouvelle donne de ce voyage me préoccupait beaucoup : Louise et Lola, mes aînées, voulaient rester à la maison, à Tonnay-Charente, et ma sclérose en plaques nous obligeait à rechercher des bivouacs « électrifiés » pour protéger mes injections dans une glacière sous tension. Mais vous me connaissez maintenant, je m'angoisse facilement…

Résultat des courses : les filles ont adoré leurs quelques mois d'indépendance auxquels elles avaient associé leur cousine Estelle et les nuitées avec courant se trouvent facilement en Afrique de l'Ouest.

Oui, l'Afrique de l'Ouest possède des campements, des campings, des auberges, des hôtels où le voyageur peut passer la nuit en ayant de l'électricité.

Oui, mes grandes ont vécu une expérience inoubliable, enrichissante et valorisante, et moi, leur maman, j'en suis fière même si je n'avais aucun doute sur leur capacité à mener à bien une telle aventure... Il faut dire aussi qu'Internet m'a rassurée nous permettant des contacts presque journaliers.

Louise a eu son bac à quelques doigts de la mention et si elle n'a pas encore choisi son métier, elle apprécie cette année « au pair » en Irlande. Elle voudrait allier voyages, découvertes des autres et travail social. L'année de première de Lola a été un succès, sa terminale se déroule sans problème et elle s'est inscrite en fac de droit.

Alors, une fois mes peurs dissipées, j'ai apprécié à sa juste valeur ces mois en Afrique de l'Ouest. Et je l'aime ce continent malgré l'insécurité pesante liée aux activités d'Al-Qaïda, malgré les moustiques, l'état des routes, les incompétences mécaniques de Stéphane et les conditions climatiques.

Léo a été un compagnon de route parfait, curieux de tout, adorant autant que nous les Africains et leur rythme de vie, s'émerveillant devant les villages dogon, les cases somba ou les hippopotames du Niger et jouant spontanément avec les gamins rencontrés.

Aurons-nous encore l'opportunité de l'entraîner avec nous dans un prochain périple ? Il a quatorze ans aujourd'hui et de nouvelles préoccupations.

Alors, comment s'organiseront nos prochains voyages ? Je ne peux le dire.

Nous pourrions repartir à deux, sacs à dos, comme nous le faisions avant d'avoir nos enfants. Le transport de mon traitement reste problématique mais des médicaments à avaler sont à l'étude.

De nombreuses destinations m'attirent : la péninsule arabique par exemple, le Yémen, Oman, le Qatar, Bahreïn… autant de pays mystérieux où la situation évolue à l'heure où j'écris. Mais aussi les pays africains, ceux que nous n'avons pu faire comme la Guinée, la Guinée-Bissau, la Sierra Leone et le Liberia. Le continent africain et le Moyen-Orient sont en pleine transformation et ça va être passionnant de suivre ces évolutions.

Le nord de l'Amérique du Sud avec la Colombie, le Venezuela, le Guyana, le Surinam et la Guyane que nous avions oubliés lors de notre tour du monde faute de véhicule adapté ou à cause de l'instabilité politique, serait aussi un but de balade attrayant. Et puis, il y a les îles : Cuba, Japon, Madagascar, Jamaïque…

Bref, nous avons l'embarras du choix !

Il faudra juste que je m'habitue à ne plus avoir mes trois « loupiots » près de moi, à ne plus les entendre se chamailler dans le camping-car ou chanter à tue-tête ! Mais je vais y arriver, j'ai commencé à me déshabituer avec ce voyage sans les filles.

Autoroller 2 sur Fiat Ducato 2,5 l.
(L x l x h : 5,98 x 2,20 x 3,05 mètres)

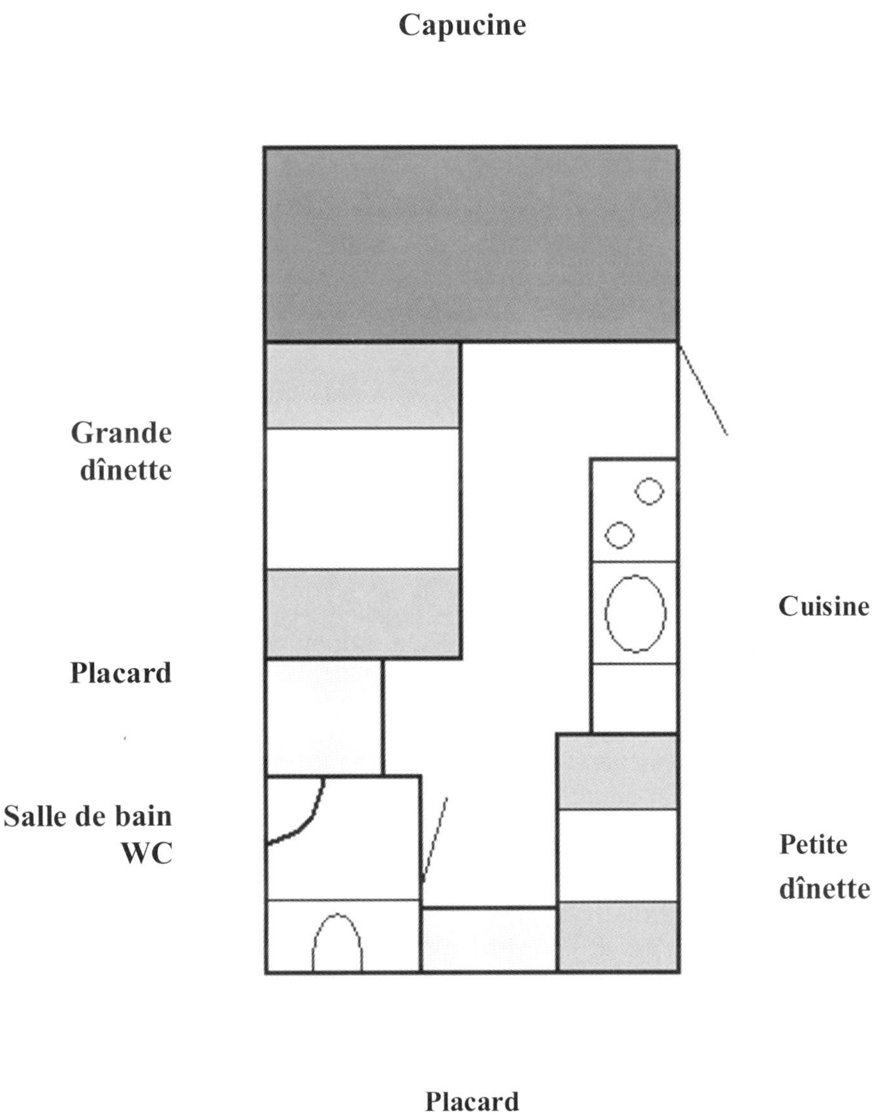

TABLE

Des mêmes auteurs :

« Trois enfants autour du monde »
le livre et le film
Coup de cœur du jury du prix René Caillié

« Trois enfants en Eurasie »
le livre et le film

« Léo en Mongolie »
« Léo en Russie »
« Léo en Asie centrale »
Livres pour les enfants

De Stéphane Marais :

« Voyage au cœur
de l'Aunis et de la Saintonge »

Pour tous renseignements :
www.periple.org

Si vous désirez nous contacter :

maraize@aol.com
ou
famille.marais@hotmail.fr

Remerciements

À vous tous qui nous avez accueillis, nourris ou payé une bière le long de notre route.

À Caroline et Dominique, à Anne-Marie, à Vincent et son papa, et à Jacques pour la relecture du livre.

À Marie-Odile qui nous a prêté son beau livre de sagesses africaines.

À vous tous qui nous avez soutenus.

Imprimé par Pulsio à Sofia, Bulgarie.
Dépôt légal : avril 2011